明治の大獄

尊王攘夷派の反政府運動と弾圧

長野浩典

弦書房

〈カバー・表写真〉
大分県国東半島の伊美港から姫島を臨む
〈カバー・裏写真〉
「長崎県平民中村六蔵外三名旧高知藩士族沢田衛守殺害ノ罪ヲ処断ス」から
（国立公文書館蔵）

目次

まえがき　7

第一章　鶴崎有終館と高田源兵……15

豊後国内の熊本藩領と鶴崎町　16／鶴崎御茶屋とその機能　18／鶴崎御茶屋の船手　19／成美館の設立と英式操練　20／有終館設立の建議　22／高田源兵「鶴崎兵隊引廻」を命ず　26／有終館の設立　28／有終館の編成と禁衛奉仕　30／有終館の分営と教練　32／「鶴崎有終館の軍令」　33／豊予海峡砲台敷設計画　35／有終館の経済活動　36／「有終館ノ持論」　38／厳しい入館規制　40／有終館と大楽騒動　42／有終館の廃止　44

第二章　豊後七藩会議と攘夷派の動向……47

豊後七藩会議とは　48／四国会議とその廃止　51／豊後七藩会議の発起人　53／豊後七藩会議開催の遊説　54／直江精一郎と中村六蔵　55／高田源兵の構想　58／豊後七藩会議の禁止　59／「日田会議」と七藩統合構想　61／四国会議廃止と脱隊騒動　62

第三章　密偵沢田衛守殺害事件…………65

共犯者村尾敬助の供述　66／沢田衛守とは何者か　68／「有終館の内情」とは　69／高田源兵の「手帳」　70／中村が別府に向かう　71／中村が有終館に帰還　73／殺害を逡巡する中村　74／沢田衛守の佩刀　76／「反政府活動家」矢田宏　77／山本與一（村尾敬助）とは　79／中村六蔵が語った「事情」　81／沢田衛守殺害事件の裁判と判決　82

第四章　山口藩脱隊騒動と大楽騒動…………85

奇兵隊と大楽源太郎　86／当時の新聞報道　88／山口藩脱隊騒動とは　89／脱隊騒動と鹿児島藩の動向　92／大楽源太郎と毛利空桑　93／奇兵隊士の有終館来訪　95／大楽源太郎から毛利空桑への書簡　96／重ねて毛利空桑に窮状を訴える　98／古荘嘉門が三田尻へ　99／久留米での謀議と挫折　101／大楽源太郎の逃亡　103／有終館と脱徒潜匿　104／大楽が憤死を決意　106／大楽と姫島　107／大楽が鶴崎を去る　110

第五章　大楽騒動と九州諸藩……113

（一）大楽騒動とその取締り
大楽騒動の波紋　115／九州諸藩の動向　116／別府日向屋事件　117／脱徒による「軍資金調達」　119／大島勘場襲撃　122／取締りの強化　123
（二）大楽騒動（「日田騒擾」）と日田県一揆
頻発する農民騒擾　124／慶応四年の日田県農民騒擾　126／明治三年の「日田県一揆」　128／一揆勢と「肥後御尊隊」　129／脱徒による「日田騒擾」　131／日田県一揆の意義　133
（三）岡藩――攘夷派の一掃
勤王家小河一敏と岡藩　135／岡藩と大楽騒動　137／取締り強化と大楽の久留米潜入　139／攘夷派の捕縛と一掃　140
（四）杵築藩――「久留米藩同様の落度」
譜代の小藩杵築藩と山口藩　142／「大楽党」小串為八郎　144／「天朝之御処置」の誓詞　145／杵築藩に対する処置　147
（五）久留米藩――「久留米藩難事件」

久留米藩と大楽騒動　148／両筑三藩（福岡・久留米・柳河藩）と山口藩　150／「久留米藩難事件」とは何か　152／古松簡二の久留米帰還　154／「疑団」氷解　157／「化け物」直江精一郎　158／直江精一郎の証言　161／大楽源太郎誘殺　163
（六）柳河藩――「廣田彦麿の党」
柳河藩と九州諸藩　164／巡察使による柳河藩の制圧　167／関係者の処分　169／大楽殺害は失敗　170

第六章　高田源兵と熊本藩……………………………………173

運命の出会い　175／高田源兵の経歴　177／「人斬り彦斎」から高田源兵へ　178／高田源兵の「人物像」　180／高田の尊王攘夷思想　181／高田の「持論」　182／脱隊騒動と「持論」の齟齬　183／熊本藩の三学統　185／実学党政権の成立　187／鶴崎からみた学統対立と藩政改革　189／米田虎雄（実学党）と廣澤真臣　190／実学党（米田）の陰謀　192／帰藩後の高田源兵　193／高田源兵と西郷隆盛　195／謹慎から捕縛・投獄へ　196／高田への審問と東京護送　197／高田源兵処刑と「明治の大獄」　200

第七章　廣澤真臣暗殺事件と中村六蔵……203
リアルな暗殺の現場　205／岩倉の西下と御親兵　206／廣澤真臣暗殺と政局　207／米田虎雄への嫌疑　209／廣澤参議暗殺の嫌疑者たち　211／熊本藩邸での「謀議」　213／藩邸での凄惨な拷問　214／山田真道の批判　216／中村六蔵にも嫌疑　217／東京神田鍋町事件　220／中村六蔵と改名　221／中村六蔵の捕縛　222／中村六蔵の偽証と処断　224／迷宮の廣澤暗殺事件　226

第八章　九州攘夷派と「明治の大獄」……229
明治政府の危機的状況　230／雲井事件・二卿事件・初岡事件　232／『山口藩隊卒始末』の構成と内容　235／「不良徒処置一件伺」の内容　236／「国事犯」による一括弾圧　239／高田源兵と初岡敬治　241／大楽騒動と九州攘夷派の一掃　243／西海道鎮台設置と廃藩置県　244／安政の大獄と「明治の大獄」　246

関連年表　248／あとがき　253／おもな史料・おもな参考文献　256

まえがき

「安政の大獄」といえば、大方の読者がご存じであろう。中学や高校の教科書にも取り上げられている。「安政」とは事件が起きた安政五年（一八五八）の年号である。「大獄」とは、重大な犯罪事件で、多数の逮捕者が出たときに、特に使用する語である。一般名詞だが、「安政の大獄」以外には、ほとんど使われない。井伊直弼による尊王攘夷派の弾圧事件だが、将軍継嗣問題も絡んで、一橋派の大名など高位高官の者も多数処罰された。これも衝撃的であった。処罰された人々は総勢約一〇〇人にもおよんだ。井伊直弼は独断で開国を決め、それに反対する、また幕府を批判する人々を弾圧した。そこでこの事件には、独裁者井伊直弼は「悪者」で、吉田松陰など「優れた、立派な人々」が、斬首ほか過酷な刑罰に処せられたというイメージがある。ただし近年は、井伊直弼の政治手腕や幕府の外交能力も高く評価され、単純な「井伊悪人」というイメージはずいぶん払拭されてはきた。

いっぽう、明治三年（一八七〇）から翌年にかけて、明治政府による尊王攘夷派の大規模な弾圧があるのだが、これはあまり知られていない。もちろん、高校の教科書にも何ら記載はない。こちらは、処罰された人々の数が、約三〇〇人以上におよぶ。数だけからいえば、安政の大獄よりはるかに大規模（約三倍）である。ここでも旧大名（当時は藩知事）や政府内の高官から、諸藩の藩士やいわゆる「草莽」とよばれる人々にいたるまで処罰の対象となった。しかし、こちらは「明治の大獄」などと呼ばれることもないし、そもそもほとんど知られていない。なぜだろうか。

ふたつの事件には、共通点がある。それはどちらの事件も、弾圧されたのがいわゆる尊王攘夷派の人々だったことである。ところが両者にはまた、著しい差異がある。安政の大獄の「犠牲者」は、独裁者の強権によって不当に弾圧された人々である。吉田松陰や橋本左内は、優れた政治家であり教育者であり、彼らを失ったのはわが国の大いなる損失とされた。いっぽう「明治の大獄」で弾圧された人々は、開国に反対し政府を攻撃し、国を危機におとしめる「犯罪者」（正確には「国事犯」）とされた。

弾圧された人々は同じ尊王攘夷派でも、弾圧の主体は幕府から明治政府へ変わった。そこで、何が変わったのか。単純化するならば、安政の大獄では、「幕府＝弾圧者（悪）」対「尊攘派＝被害者（善）」である。いっぽう、明治の大獄では「明治政府＝治安維持の主体（善）」対「尊攘派＝犯罪者（悪）」、または「明治政府＝開国和親（善）」対「尊攘派＝攘夷（悪）」という構図になる。尊攘派は、善から悪へ転落するのだが、彼らが主張することは、ほとんど変わってはいない。尊攘派は、社会が変わったのにそれに気付かない、いやそれに抵抗する者たち、または単に時代に取り残された人々なのか。

誤解を生まないように、あらかじめ断っておきたいことがある。それは、筆者は尊攘派が正しいとか、それを弾圧する明治政府は不当であるとか、本書で「善悪」を述べるつもりはない。幕末から維新期にかけては、ある意味で日本人の多くが「尊王攘夷派」であったといってよい。ただし、外国人殺傷のような暴力について、筆者は容認できない。しかしさきに述べたように、同じ主張を展開した尊攘派のふたつの弾圧事件が、なにゆえ歴史ではこのように扱いが違うのか。そう思ったことが、本書を書く動機になった。

さて、右の「明治の大獄」構想に行き着いた経緯がある。それは、史料との出会いであるが、大きく分けてふたつの史料が、本書の基礎になった。

ひとつ目の史料は、国立公文書館所蔵の「山口藩隊卒始末」（一）〜（五）（『公文録・明治三年・第百二十三巻〜百二十七巻』）である。山口藩の脱隊騒動に関する史料であるが、脱隊騒動だけにとどまらない、筆者がいう「明治の大獄」（二卿事件、日田騒擾、久留米藩難事件ほか）全体にわたるまとまった史料である。これらの史料から、さまざまな反政府攘夷派士族を一括して処断したことがみえてくる。

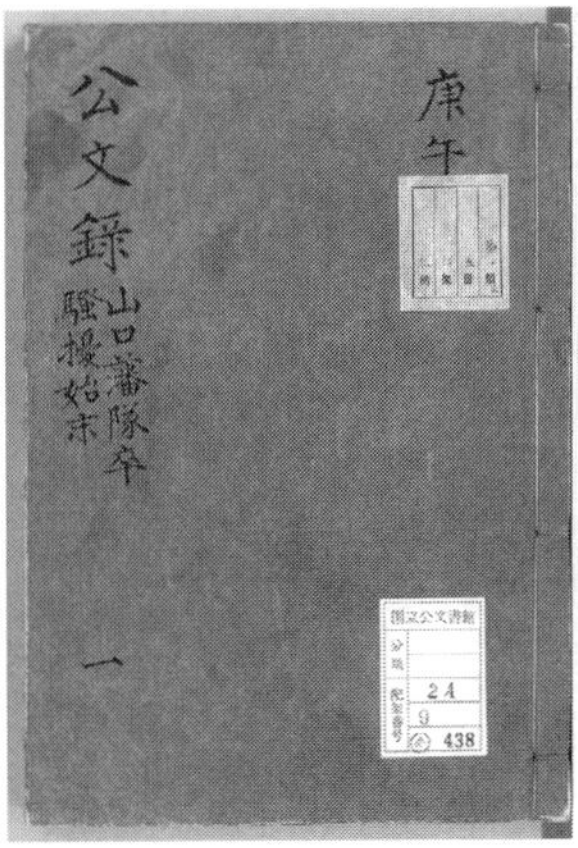

公文録・山口藩隊卒騒擾始末（一）表紙

もうひとつが、国立公文書館所蔵の「長崎県平民中村六蔵外三名旧高知藩士族沢田衛守殺害ノ罪ヲ処断ス」（『太政類典第四編、明治十三年第五十九巻、治罪・審理』）という、いささか長いタイトルの史料である。二〇二三年七月頃、高《こう》田《だ》源兵《げんべい》（旧名河上彦斎《かわかみげんさい》ともいう）や大楽《だいらく》源太郎関係の史料を収集していた。何かの語による検索でヒットして、この史

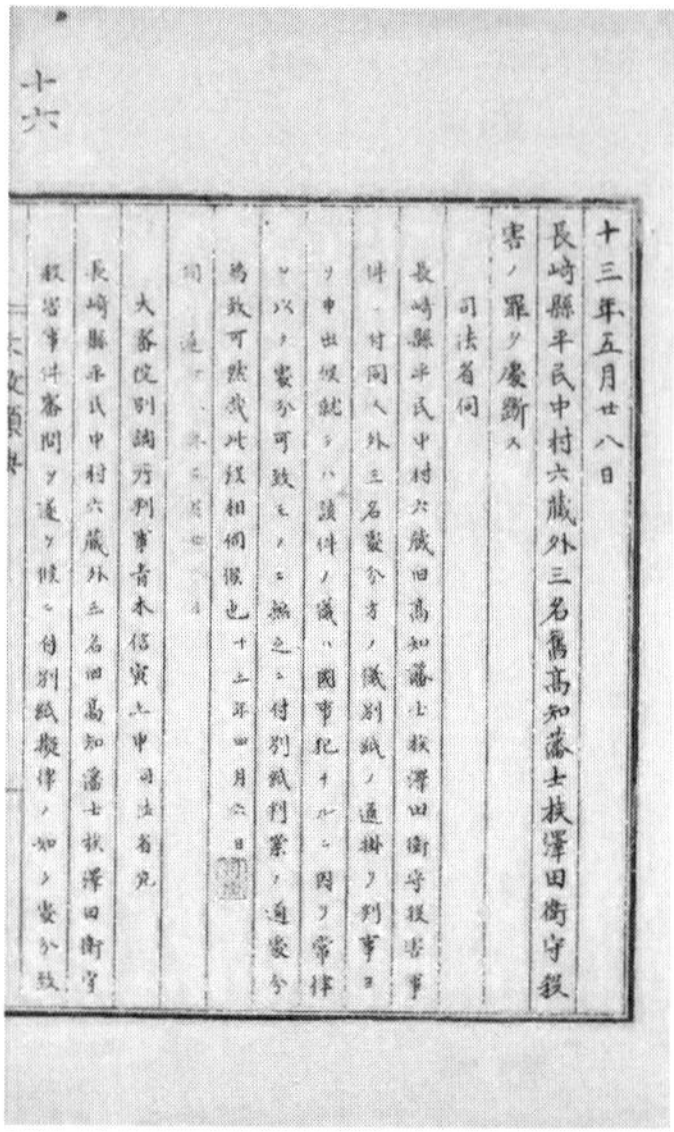

中村六蔵外三名口述書冒頭部分

料に出くわした（国立公文書館デジタルアーカイブ）。中村六蔵は、明治三年に沢田衛守《えいしゅ》という高知藩の密偵を殺害した。その容疑で、明治一〇年に長崎で捕縛される。この史料は、その後の取り調べの口述と「処断」に関する裁判資料である（以下「中村口述」と略記。また同史料に含まれる木村弦雄、古荘嘉門、村尾敬助三人の口述も「木村口述」などと表記）。A4紙（一六〇〇字）で九〇枚ほどのものである。中村はもと熊本藩士族であったが、本書でとりあげた諸事件（諸事象）の多くに関わっている。中村の口述は、臨場感があった。もちろん、すべて真実と受け取るわけにはいかない。供述である以上、都合の悪いことは話さないし、実際、やってもいない廣澤真臣暗殺を自供（偽証）したりもしている。しかし、この中村の口述書で、本書の構想が浮かび上がってきた。本書の各章の冒頭には中村の供述を、現代語で引用して（ゴシック体）導入としている。それは、「中村口述」のうち具体的かつ印象的な部分を冒頭に配置することで、その章全体をイメージづけて、読者の興味を引き出したいという意図による。

本書の構成は、次の通りである。「第一章　鶴崎有終館と高田源兵」では、熊本藩の豊後国内飛び地である鶴崎有終館が、山口藩の奇兵隊を模して作られたこと、その指揮官である河上彦斎こと高田源兵（佐久間象山を斬った人物で「人斬り」と恐れられた。肥後勤王党のひとり）のことについて述べている。鶴崎は九州攘夷派の拠点であり、有終館は高田源兵が計画する「不軌」（反政府挙兵）のために組織された。

「第二章　豊後七藩会議と攘夷派の動向」では、あまり知られていない豊後七藩会議と四国会議をとりあげた。高田源兵の構想では、豊後七藩連合をテコに熊本藩を動かして、反政府挙兵を行おうとした。

「第三章　密偵沢田衛守殺害事件」では、中村六蔵による土佐藩密偵沢田衛守殺害事件をとりあげた。ここでも高田源兵と有終館が挙兵を計画し、その計画が漏れることを防ぐために、事件が引き起こされた。

「第四章　山口藩脱隊騒動と大楽騒動」では、廃藩置県をめざす政府にとって、山口藩脱隊騒動の持つ意味を考え、高田源兵と有終館の反乱計画が、脱隊騒動で頓挫することについて述べた。なお、大楽源太郎は山口藩士族で儒学者。脱隊騒動の主謀者として、九州に逃亡するが、明治四年に久留米で殺害される。

「第五章　大楽騒動と九州諸藩」は、本書の中心をなす章で、大楽騒動が九州諸藩に与えた影響について、豊後岡藩・杵築藩、それに筑後久留米藩、柳河藩をとりあげて考察した。大楽騒動に関係した九州諸藩の攘夷派士族は、ことごとく弾圧されることになる。

「第六章　高田源兵と熊本藩」は、「人斬り彦斎」としてしられる高田源兵のイメージを打ち破るべく、彼の思想や人物を論じた。また、高田源兵が処刑され理由を、熊本実学党政権とその背後にいる明治政府との関係から述べた。

「第七章　廣澤真臣暗殺事件と中村六蔵」は、文字通りこの事件を取り上げたものだが、当時の政治情勢と、中村六蔵という人物との関わりで述べている。また、熊本実学党に関しては、第六章とあわせて、その開明的政策とうらはらな、「権力」の本質に関わる問題を取り上げた。

そして最後が、「第八章　九州攘夷派と『明治の大獄』」で、本書のタイトルの意味を提示している。ここで、本書を通じて読者に伝えたいことを述べている。

本書には、多数の人物が登場するが、ここではキーパーソンとして四人を挙げておきたい。毛利空桑《くうそう》は、熊本藩領豊後鶴崎の儒学者で、強烈な個性を有する勤王思想の持ち主であった。彼の思想に共鳴する者は、豊前・豊後をはじめ、四国や中国地方にも及んだ。彼の家塾知来館《ちらいかん》には、この地域の多くの塾生が入門した。門弟の数は、延べ一〇〇〇人を超えていたともいわれる。吉田松陰、大楽源太郎、谷干城、そして勝海舟なども彼を訪ねている。鶴崎が反政府攘夷派の拠点たり得たのは、彼の存在なくしては考えられない。また、大楽騒動において、豊後・豊前で脱徒を匿った者、またそのために処罰された者の多くは、彼の思想的影響を受けていた。

高田源兵は、多くの読者には河上彦斎という名の方が、なじみがあるかも知れない。彼は佐久間象山を暗殺し、「人斬り」として知られる。しかし、彼は単なる攘夷主義者ではなかった。計画性を持って、政府転覆を目論んだ戦略家であった。また「鎖国攘夷」論者ではなく「洋夷制御」

論者で（開国を容認するが外国人との貿易を制御する）、狂信的な攘夷主義者でもなかった。何より、彼のカリスマ性によって、多くの同志が彼を信頼し彼に従った。参議木戸孝允が最も恐れた反政府攘夷派士族のひとりであり、そのために「国事犯」として斬罪に処せられた。

中村六蔵は、熊本菊池出身の熊本藩士族で、高田源兵に魅せられ鶴崎の有終館に入る。中村は、源兵の指示で豊後七藩会議の組織活動に従事する。豊後七藩会議は、有終館が反政府挙兵する際の、小藩連合をめざすものであった。ついで中村は、高田の命で、有終館に潜入した密偵沢田衛守を殺害する。有終館が閉鎖された後は、各地を転々とするが、東京で岡崎恭助（恭輔、高知脱藩士）、古松簡二（久留米藩士）らと交わり、反政府活動を続ける。そのなかで、久保田（秋田）藩の初岡敬治や米沢藩の雲井龍雄ら、東北の反政府攘夷派とも深いつながりがあった。明治一〇年に捕縛されたが、参議廣澤真臣暗殺事件の容疑者でもあった。中村は、本書で取り上げた、多くの事件に関与している。

大楽源太郎（第四章で詳述）は脱隊騒動の主謀者とされ、山口を脱出して姫島（杵築藩）へ逃れ、そして鶴崎（熊本藩領）から豊後岡藩へ、さらに日田を経由して久留米藩へと逃亡した。大楽が逃れたルート沿いの諸藩攘夷派は、彼を匿ったことを口実として軒並み弾圧されてしまう。それほど、大楽騒動（大楽潜匿にまつわる諸事件）の影響は大きかった。ただ本書では、大楽の思想や人物像などについて、詳しく立ち入ることはできなかった。

第一章

鶴崎有終館と高田源兵

「中村口述書第十八条」から

そもそも当時、有終館の持論というのは、「いやしくも臣下たる者は、必ず同心協力して先帝（孝明天皇）の遺詔を遵奉《じゅんぽう》しなければならないことは、いまさらいうまでもない。先帝の叡慮は、専ら外夷を掃攘することにあった。今、先帝の遺霊によって、天下の政権を王室に復したが、攘夷の大典を挙げることができていないことは遺憾ではないか。そもそも明治の政体とは、むかし天下の政治を王室が統御された大典に復するという御趣意であった。これを王政復古という。ところが今の政府の要人たちは、「維新」という言葉に名を借りて、何もかも新奇の政策を実施している。しかしこれは、先帝の遺旨に背くといわねばならない。今はたとえ強藩であっても、一藩の威力では勢を挽回することは難しいであろう。数藩が連合してよく協同一致し、いま述べた趣旨を以て政府に迫れば、政府においても必ず改めるであろう」というものである。これは、高田源兵《こうだげんべい》らが事毎に諭説して、有終館の同志輩に奨励した方針である。自分も館中にあって、直接聞いたものである。

豊後国内の熊本藩領と鶴崎町

鶴崎有終館は長州の奇兵隊を模して、熊本藩領豊後鶴崎（現大分市）に設けられた熊本藩の軍隊である。その有終館を率いたのが、高田源兵である。高田は有終館を用いて、政府転覆を企てていた。

さて、豊後国大分郡鶴崎町は、地理的にいえば、瀬戸内海航路の九州側の出発点、または九州東部の玄関口として重要な港町であった。熊本藩は慶長六年（一六〇一）、大分県域の大分・海部《あまべ》・直入《なおいり》の三郡に飛び地を得た。それは肥後国から豊後国を経て、瀬戸内へのルートを確保しようとした加藤清正の画策によるものであった。寛永九年（一六三二）に加藤氏が改易《かいえき》（取りつぶし）されたあとも、続いて入封した細川氏にもこの三郡は引き継がれ、明治初年まで熊本藩領であった。

熊本藩は、おおよそ二〇～三〇ヶ村を「手永《てなが》」という行政単位にまとめ、地方行政を行った。それぞれの手永に、手永会所をおき、惣庄屋（大庄屋）を配置した（それぞれの村には庄屋をおく）。熊本藩の豊後国内の所領は、大分郡高田《たかた》手永をはじめ、久住手永（直入郡、現竹田市）、関《せき》手永（海部郡佐賀関、現大分市）、野津原《のつはる》手永（大分郡、現大分市）、谷村手永（大分郡、現大分市。なお享和二年（一八〇二）に野津原手永に併合）の五ヶ所におよんだ（石高では約二万石）。熊本藩の参勤交代では、豊後国内の移動は、この五か所を結ぶルートで行き来する。ちなみに熊本藩の参勤交代ルートは、経由地として鶴崎と大里《だいり》（現北九州市門司区）のふたつがあるが、大里経由の場合にも鶴崎から御座船《ござぶね》を廻航して藩主を迎えた。高田手永に含まれる鶴崎町は、熊本藩五ヶ町（熊本・川尻・高橋（以上現熊本市）・高瀬（現玉名市）・八代（現八代市））につぐ、「准町」の扱いであった。ただし、鶴崎町は高田手永に属するが、高田手永会所の惣庄屋の支配は受けず、町年寄四人によって町の運営が行われた。鶴崎町は、いわば「特別区」のような扱いであった。

鶴崎御茶屋とその機能

鶴崎町に置かれた、熊本藩の最も重要な施設はといえば、「鶴崎御茶屋」である。「御茶屋」とは本来、参勤交代の際の熊本藩主の休憩所、宿泊所として設置されたものであった。熊本藩では豊後国内に、鶴崎のほか久住、野津原、佐賀関に御茶屋が置かれた。これらの御茶屋は、熊本と鶴崎を結ぶ街道筋に設けられている。つまり熊本藩主は、これらの御茶屋を経由しながら、九州を横断したことになる。九州の真ん中を陸路で東西に横断できるのは、熊本藩主以外にはない。

このうち鶴崎御茶屋は、単に藩主の宿泊所というにとどまらず、豊後国における熊本藩領の政治、経済、軍事の中心であった。従って鶴崎には、鶴崎番代、鶴崎郡代、作事所、米蔵、銀所・預会所、郡屋《こおりや》などの支配機構が整備された。

鶴崎御茶屋の規模は一町四方（一町は約一〇九メートル）で、周囲には堀がめぐらされていた。鶴崎御茶屋は、現在の大分市立鶴崎小学校の敷地付近にあった。鶴崎御茶屋には藩主の宿泊する屋敷と鶴崎番代や郡代の屋敷のほか、様々な役所や蔵が建っていたから、小規模な城郭というにふさわしかった。鶴崎町自体も市街地が広がり、周囲には寺が配置されていたから、これまた小規模な城下町といってよい。さらに鶴崎には船手（熊本藩の水軍＝海軍）があり、藩主の御座船「波奈之丸《なみなしまる》」ほか、多数の船が係留されていた。

鶴崎御茶屋の長官にあたるのが鶴崎番代（定員一名）で、原則一年交替であった。番代の役宅は鶴崎御茶屋の正面にあって、番代付きとして梶取（総務）、横目（監察）、物書（書記）などの役人がこれに従った。番代の下に二名の郡代がいた。郡代は、農村支配や年貢の徴収担当の責任者であった。定員二名で、高田手永のほか関手永、野津原手永も管轄した。鶴崎作事所は、造船ほか土木・建築普請を担当した。米蔵は、文字通り年貢米を納める蔵とこれに関わる役人で構成された。熊本藩内には、熊本・川尻・八代・高瀬・大津（現菊池郡大津町）と鶴崎の六ヶ所に米蔵が置かれた。豊後国内の熊本藩領の年貢は、原則すべて鶴崎の米蔵に納められた（のち久住にも増設）。

鶴崎御茶屋には、どれくらいの「職員」が属していたのか。「藩政末期」のそれをざっとあげれば、次の通りである。番代（一人）・郡代（二名、郡奉行ともいう）・船頭頭《せんどうがしら》（二人）・作事奉行（二人）・目付（四人）・医師（四人）・役人及番人（四七人）・船頭（九三人）・水主《かこ》（四四二人。水夫、加子とも書く）・足軽（三一人）である。単純に計算すれば総計六二八名である。

なお、鶴崎町は藩領としては高田手永に属したが、町政は高田手永とは区別して行われた。しかし鶴崎町が、高田手永全体の経済の中心であることはいうまでもない。明治五年（一八七二）、御茶屋内にあった成美館《せいびかん》（熊本藩の郷校）は鶴崎学校に改められたが、これがのちの鶴崎小学校である。

鶴崎御茶屋の船手

鶴崎御茶屋に属する船と船頭、それに水主《かこ》（これを総じて「船手」という）は、平時においては藩主の参勤に従った。しかし、有事の際には熊本藩の海軍（水軍）の役割を果たした。鶴崎の船手は、熊本藩の船手（海軍）の主力であった（熊本藩の船手は、川尻にも置かれた）。その任務を具体的にいえば、通常は藩の用船を保管し藩主の参勤ほか藩用の航海を行い、有事の際には海上を警備し、熊本藩領の浦々（港と漁村）を防衛した。船手に属する船頭や水主（「定水夫」ともいう）の数は、さきにあげたように五〇〇人を超えるが、実際には臨時に加わる「助水夫」など（およそ三〇〇人）もおり、更にその数は増える。このほとんどの水主は、鶴崎町を含む高田手永と関手永の船乗りたちで構成される。船手に属する船の数は、藩主が乗船する御座船以下、大船・早船・小早船・荷船など、「百余艘」が常備されていたという。

鶴崎御茶屋の武器蔵には、元禄頃の記録として、鉄砲七〇挺（三匁筒五〇挺、三匁五分筒二〇挺）と弾薬、それに弓矢や長柄（鑓）などが多数保管されていたとある。ただし、船手に対しては、御茶屋備え付けの武具とは別に、一定の兵器（鉄砲や船筒など）が用意されていたという。また、定期的に「船手衆」による軍事演習も行われていた。軍事演習は、大野川を距てた対岸、大在《おおざい》村の濱《はま》（地名）で行われた。

幕末の安政二年五月から六月にかけて、船手衆が佐賀関から日向、さらに周防から豊前・豊後の海岸を巡検し、港湾の位置、潮流の緩急、暗礁の所在を調査した。鶴崎船手は、熊本藩の海軍として重要な役割を担っており、鶴崎は熊本藩の重要な軍事拠点であった。二度の長州征討（元治元年、慶応二年）でも、鶴崎の船手は動員され下関付近まで出兵した。慶応四年正月からはじまった戊辰戦争では、鶴崎船手の水主ほか鶴崎詰藩士（高田手永、関手永の郷士を含む）の一部も東北まで転戦している。

鶴崎町には海軍は存在したが、歩兵部隊（陸軍）の備えはなかった。幕末、各地で奇兵隊に類似した農兵隊や、洋式操練を施した歩兵部隊の創設が相次いだ。万延元年（一八六〇）、毛利空桑は鶴崎にも文武館設立の必要を熊本藩に建議した。それまで鶴崎御茶屋には、定詰藩士の子弟に教育を施す「稽古所」があった。空桑はここで学問教導方を務めていたが、さらに規模の大きい熊本藩の正式な文武館の必要性を感じた。いっぽう熊本藩においても、時代の趨勢に応じて、文武の奨励に乗り出した。翌文久元年（一八六一）の冬、「鶴崎船会所の余金を以て、御茶屋の構内に一校舎が新築され、之を成美館と名づけられた。けだし、従来の稽古所が専ら文学を主としたのを拡張して、文武両方面の道場とした」（『豊後鶴崎町史』）。成美館では、漢学・医学・和算などのほか、兵学・砲術・弓術・馬術・槍術・剣術・居合などが、その教科として導入された。一見して、武術が大幅に取り入れられていることが分かる。

鶴崎番代大河原次郎九郎は、「鶴崎は、御国許（熊本）から隔絶されており、また他領と接している。ここに熊本藩の支庁を設けているが、今は海岸防御が第一の時である。諸士は文武の嗜みがなくては勤めは叶いがたい。このたび成美館が成就したので、各自出席し出精すべし」と藩士諸士、それに郷士に対して訓示した。こうして成美館が成立したが、のちに洋式操練も取り入れ、鶴崎町に隣接する寺司浜《てらじはま》に練兵場を設け、これを観光場と命名した。慶応三年（一八六七）四月には、観光場においてイギリス式の操練（演習）が初めて行われた。同年一二月、毛利空桑は観光場取締役を命ぜられた。このように、鶴崎における様式軍隊の導入には、毛利空桑が深く関わっている。

毛利空桑像（毛利空桑記念館提供）

慶応四年（一八六八）正月、教官として熊本の演武所から遠山謙蔵・戸崎安喜らが鶴崎に派遣された。そして、寺司浜において、正月一六日からイギリス式の操練講習を実施することになった。これをうけて鶴崎番代大河原次郎九郎は、鶴崎定詰の諸士に老若を問わず、操練に加わるよう督励した。高田手永惣庄屋岡松俊助を通じて、手永内の在御家人《ざいごけにん》（郷士）へも操練への参加を命じた。こうして鶴崎では、成美館の枠を超えた熊本藩の新たな歩兵銃隊の編制が本格化した。これが、前年の王政復古や慶応四年正月にはじまる戊辰戦争に対応したものであることは、いうまでもない。

鶴崎銃隊の演習は、はじめはすべて観光場で行われていた。しかし高田手永ほか、関手永、野津原手永からも郷士が続々入隊し、兵数が急増した。そこで、郷士による小隊を分離し清寧隊《せいねいたい》と名づけ、練兵場も高田手永内の大野川河畔に設けた（清寧場という）。改元まもない明治元年九月一〇日、鶴崎番代西山大衛は、観光場において鶴崎銃隊の大演習を行った。郷士隊清寧隊も、この演習に参加した。演習には高田・関・野津原の三手永ほか、近隣の他藩領からも大勢の見物人が集まったという。

有終館設立の建議

鶴崎銃隊に加え、郷士隊が新設される中、鶴崎に新たな軍隊を編成すべきだという建議を行ったのは高田源兵である。『豊後鶴崎町史』には、「明治元年正月十五日、開国の国是定まるや、源兵衛《ママ》（源兵）は翌二月、慨然として京都より帰藩し、深く思ふ所ありて、藩庁に書を上つた」とある。これまでの銃隊を再編成して、鶴崎に熊本の正規軍の一部として新たな洋式軍隊を編制すべきとの上申であった。

明治元年（正確には慶応四年。慶応は九月八日に「明治」と改元）一月一五日、新政府は「王政復古」を各国に通告するとともに、国内には「外国との和親」を布告した。『明治史要全』には、わずかに「大勢ヲ察シ世変ニ随ヒ、新ニ外国ト和親ヲ結フヲ布告ス」とある。「世変ニ随ヒ」、攘夷はやめて「外国ト和親ヲ結フ」ことにする。日本は今日から「攘夷をやめて和親に転じた」というのである。

高田源兵像（『熊本・歴史と魅力』より）

この布告は、高田源兵ら尊王攘夷派の志士や草莽らにとっては、青天の霹靂であり衝撃であったに違いない。彼らは尊王攘夷の実現をめざして、身命を賭して運動を続けてきたからである。同じ頃、志士や草莽らに対する新政府の対処方針も転換しはじめる。鳥羽・伏見の戦いに勝利するまで、新政府軍にとって草莽たちは、僅かであっても無くてはならない軍事力の一部であった。しかし鳥羽・伏見の戦いで勝利し、西国諸藩の軍事的協力を取り付けることに成功した新政府にとって、もはや草莽は必要でなくなった。それどころか、無原則に行動し、時には横暴に振る舞う志士や草莽は厄介者となった。こうして新政府は、草莽たちを排除しはじめる。慶応四年一月下旬、豊前国宇佐郡御許山《おもとさん》（現大分県宇佐市）では、草莽隊である花山院《かさのいん》隊が長州藩によって「偽官軍《にせかんぐん》」として弾圧された。これが初めての、「偽官軍事件」であった。その後、赤報隊偽官軍事件などが次々に起こり、草莽たちは「浮浪之徒《ふろうのと》」として犯罪者扱いされるようになる。京都や長州にいた高田源兵が帰藩して、「深く思ふ所ありて」というのは、このような情況の変化、すなわち政府の攘夷から開国和親への方針転換と草莽の取締りに対し、「慨然とした」（憤り嘆くこと）というのであろう。要するに高田を含む志士や草莽たちは、攘夷を唱えてきた薩長を中心とする新政府に「裏切られた」のであった。

さて、高田が熊本藩庁に差し出した上書とは、次のようなものである。

方今天下、稍《やや》平定に帰すと雖《いえど》も、未だ容易に安心すべからず。殊に隣国（周辺の藩のこと）と雖も決して心を許すべからず。若し臨時の事変あらば何を以て之に応ずべき。今に於て宜しく軍隊を編成し、以て変に応ずるの策なかるべからず。故に本藩の領地豊後鶴崎の舟手士族を主とし、之に本藩各郡の郷士中より希望の者を加へ、是等を訓練して不時の用に備ふべし。而して其の本営を鶴崎に置くを最も適当とす。藩庁に於て以上の意見を可とせられ、之が実行の命下らば、彦斎不敏と雖も敢て之が総括の任に当り、以て藩命を全ふせん。謹みて御裁許を仰ぐ。云々（『肥後藩国事史料巻九』。以下、『国事九』と略記）

鶴崎の船手士族や熊本藩各郡の郷士たちを集めて、「不時の用」に即応する軍隊を編成すべきであるという。鶴崎に即応軍を置くという提案は、熊本藩領で新政府のある京都に最も近い位置にあったのが鶴崎であったからであろう。しかしこの軍隊は、誰のためのものだろうか。高田はのち、鶴崎の有終館を拠点に反政府挙兵を画策する。高田にとってこの軍隊は、新政府と対決するための軍隊であったに違いない。そう考えれば、鶴崎は本藩より遠い位置にあることが、恣意的に軍を動かすのには好都合であった。長州山口に近いことも重要だが、それは後述する脱隊騒動の経緯をみれば明らかになるであろう。鶴崎に軍隊を編成すべきという高田の建議には、初めから彼の遠大な計画（反乱の企て）があったとみるべきである。

有終館設立の建議は、木村弦雄《つるお》（熊本藩士、高田の盟友）も行っている。木村の「鶴崎兵隊取起之大意」（明治二年正月）は長文であるので、六項目の要点だけを箇条書きであげる。①鶴崎は熊本藩にとって、「出張の根拠」である。「出張の根拠」とは、秀吉の朝鮮侵略の時の名護屋、地中海のイギリス領マルタ島の機能に匹敵する。②鶴崎は、「上国（京、大坂）へ御通路の根拠」である。③鶴崎、佐賀関両所に三〇〇人ばかりの常備軍を設置する（西京、東京へは鶴崎から派兵するのが合理的）。④鶴崎、佐賀関に洋式軍艦を配備する（平時は交易、運輸に運用）。⑤鶴崎、佐賀関に銃砲、弾薬を配備する（佐賀関には砲台を築き、海軍所とする）。⑥豊後国熊本藩領の入税から一万俵をあて、右の「兵隊取起」にあてる。

この木村の「大意」は、さきの高田の上申（建議）と別のものではない。木村はその辺の事情を「鶴崎において有終館を設置したのは、源兵が赴任の上、源兵の建議によるものである。自分も（源兵の構想に）大いに同意し、源兵と協議して常備兵を設けなければならないとの儀を本藩に建議し、許可を得、漸々およそ二百ばかりの兵を募ることになった」と述べている（「木村口述」）。

木村は、熊本藩内では党派的には学校党に属して、肥後勤王党の高田とはもともと考えを異にした。しかし木村は、明治新政府の施策には違和感があって、これを厳しく批判する高田に接近した。高田、木村、古荘嘉門《ふるしょうかもん》（熊本藩士、高田の盟友）の三人が、いわば同志として結びついた（勤王党と一部の学校党が接近した）事情については、「古荘嘉門自筆草案今日までの履歴」（『国事九』）が語っている。要するに、攘夷から開国へ一方的に変転し、権力を独占し横暴な薩長政権への批判が彼らを結び付けた。彼ら「同志」の「有終館構想」は、すでに前年秋頃（明治元年秋）には出来上がっていて、それが高田の「上申」、木村の「大意」となって、藩庁に差し出されたと思われる。

高田源兵「鶴崎兵隊引廻」を命ず

ところで先の高田の上申には、日付がない。上申は、いつ行われたのであろうか。実はこの文章は、『国事九』所収の「中村六蔵水雲事蹟」中に含まれていて、「彦斎は別に思う所ありたれば、藩庁に書を上つれり、其要旨に曰く」に続けて先の上申がある。あくまでこれは、上申書の「要旨」なのである。ただ、「高田源兵衛」（この頃、実際には源兵に改名）は、明治元年一〇月二八日に、突然「士席に準し豊後国鶴崎郷士隊長」に任命されている。理由もなく鶴崎に行け、ということはないだろうから、おそらく高田の上申は、一〇月二八日以前であろう。

注目すべきは、この命令は「京都ニおひて達」と、京都で達せられている。その理由を「（この人事は）御国にて兎角物論（物議）もあるようなので、却て旅中にて達した方が良いとの見込みもあって」と、国許でなく彦斎の旅中（在京都中）に、あえて京都で発したという。国許では、高田源兵を士席に採用し重用することには、おそらく異論がでるであろうと予測された。それを示唆するのが、「機密間」による高田源兵という人物に対する「高い評価書」である。先の「達」には、この「評価書」が添えられているのである。ここでは、「（源兵は）長州や京都で大いに立ち働き、その名も知られている。諸国事情にも通じ、世子護美の信頼も厚い。源兵衛（源兵）は昔時と違い、見識も開け、真心や誠意も備えるようになった」という。中でも、「源兵衛昔時と違い」という文言が目に付く。昔時、狂信的な攘夷論者で世人に「人斬り」と恐れられ、それゆえ一部では「蔑まされた」河上彦斎と、士席に取り立てられる高田源兵は同じ人物ではない、というのである。この人事が物議を醸すだろうというのも、「昔時の彦斎」の所業に理由があるのではないだろうか。

明治二年正月二一日、高田源兵は改めて「鶴崎兵隊引廻《ひきまわし》」に任命された。「引廻」とは、軍隊の指揮官（軍隊編成および総括を兼ねる）である。そしてこの「鶴崎兵隊」というのが、のちの鶴崎有終館である。

高田の「有終館構想」は、山口滞在中に培われたと思われる。高田は、文久三年（一八六三）の「八月十八日の政変」後、しばらく長州に滞在。元治元年（一八六四）七月の禁門の変では、長州軍に加わって戦っている。その後、山口に戻り、慶応三年（一八六七）二月に熊本に帰るまで滞在した。

この間、諸隊側に加わって、高杉晋作の功山寺挙兵も支援した。高田は木村弦雄に対し、「かつて山口において論ずる所を聞いたが、兵士をその家に起居させ行動を自由にさせれば、士気はいよいよ鈍くなり易い。故に兵を強くするには、常備兵を設け、規則を厳しくして、兵営の中においてこれを鼓舞しなければならない」と語った。そして木村もまた、大いに納得したという。要するに有終館は、長州の諸隊に倣った「常備軍」として創設されたのである。有終館は兵士を厳しい規則と共同生活のもと、「第一に練兵を宗とし、余暇に読書、算術、航海の方法」などを学ばせることを目指した（「木村口述」）。

有終館の設立

熊本藩庁も、高田や木村の建議を裁可した。有終館設立の事情を、「水雲事蹟」は次のように記している。この時、「彦斎（高田源兵）私《ひそか》に踊躍《ようやく》して之を喜び、藩命を奉じて、直に鶴崎に到り、郡尹《ぐんいん》（鶴崎郡代）緒方嘉右衛門と謀り、軍隊の編制に着手し乍《なが》ら、五大隊《ママ》を得たり」という。なぜ高田は、「私に」踊躍したのか。それは、「彦斎等が、鶴崎に於て五大隊《ママ》の軍隊を編制したるもの、陽には恭順を表して、肥後藩の常備軍なりと称すと雖《いえど》も、陰には当時の施政に不満を懐き、以て宿志を達するの根拠と為さんと欲する」からだという。すなわちこの軍隊は、政府転覆のために準備されたものだというのである。

さらに「鶴崎の碩儒毛利到老人に名を選ばしめ、本営を有終館と号し、錬《ママ》兵場を観光場と称せり。而して吉海《よしかい》良作、庄野《ママ》彦七、古庄《ママ》嘉門、木村弦雄を以て、指揮官となし、日々訓練を怠らざりしが、未だ数月ならざるに、早くも有用の軍隊とはなれり、而して毛利到老人も其帷幄《いあく》（作戦計画をたてる陣中）に参せしめたり」。成美館の設立を建議した「毛利到老人」は、ここでは有終館の名付け親であり、その設立と運営に深く関与した。

「慶応三年卯八月在中御達控」には、「昨年（明治二年）二月頃より高田源兵衛に倡方《いざないかた》仰せ付けられ、同所御作事所御畳置き跡を有終館に御取り起こし」とあることから、明治二年「二月頃」にはその名称も含めて、有終館が設立されたようである。いっぽう『豊後鶴崎町史』は、「旧藩事蹟概略」の「（明治二年）三月ヨリ、別手隊編成、鶴崎管下、且本藩近在之壮丁《そうてい》ヲ募リ、旧作事所ヲ以テ屯営ト為ス、有終館ト号ス、漸次三小隊ニ及ブ」を引用して、「明治二年三月の設立を以て、実を得たものとせねばならぬ」としている。募集された壮丁の年齢は、「十七歳以上四十五歳迄ヲ限ル」であった。また有終館の幹部として、「館長高田源兵《ママ》衛（旧名河上彦斎）、練兵教授庄《ママ》野彦左衛門、岐部彌惣助、撃剣教授吉海準助、文学教授古庄《ママ》嘉門、木村弦雄」（『豊後鶴崎町史』）とある。党派的には高田・庄野（荘野）・吉海が勤王党で、古庄（古荘）・木村が学校党である。しかし、木村・古荘も、思想的には高田の

有終館跡の標柱（大分市鶴崎。背後は大野川と鶴崎橋）

攘夷論に共鳴している。なお、荘野彦左衛門（荘野彦七）と吉海準助（良作）は、明治九年の神風連の乱に加わっている。ちなみに有終館の廃止は、明治三年の七月であるから、その存続期間は一年四～五ヶ月という短い期間であった。

有終館の建物は、作事所の畳置き跡に設けられた（新築されたか否かは不明）。現在、大野川にかかる鶴崎橋の西のたもと付近である。ここには、「有終館跡」の標柱が建てられている【写真】。「梁《はり》八間位（一間は一八二センチ）に桁《けた》十二三間位の、太々しき一棟ありしに、維新の初度、有終館と称し」（『豊後鶴崎町史』）とあるから、教室（七メートル×九メートル）の四つ分ほどの広さの建物で、二階建てであったらしい。

有終館の編成と禁衛奉仕

有終館では、「塾生」に学問も習得させたという。『国事十』に「文武芸之儀は朝々毛利到所へ参候者も有之、夫より成美館出席或は歩操或は剣術柔術、夜分は読書いたし候者も有」とある。つまり、有終館の「塾生」たちの学問や武芸の鍛錬は、毛利空桑の家塾「知来館」や熊本藩の郷校成美館で行っていた。いっぽう、有終館については、「軍塾」とか「陸軍学営」という表現がある（『豊後鶴崎町史』）ように、軍隊としての機能に特化した、いや軍隊そのものであったと思われる。

先にも述べたように、高田の身分は「鶴崎郷士隊長」であり「鶴崎兵隊引廻」である。毛利空桑が有終館と命名したが、あくまでもその実態は、熊本藩の郷士で編成される「鶴崎兵隊」である。ときに「塾生」などと呼ばれはしたが、有終館の人員は鶴崎とその周辺、及び熊本藩内各地の「郷士」（在御家人）たちである。

有終館は、奇兵隊ほか長州の諸隊を理想とし、それを模して編成されたようである。それは『新熊本市史』（史料編六近代Ⅰ）の史料（荘村省三「廣沢参議暗殺に関する探索報告」）に、「川上《ママ》彦斎豊後鶴崎・野津原・佐賀ノ関郷士奇兵隊編成之時」という様な文言があることからわかる。高田源兵（河上彦斎）がめざしたのは、長州奇兵隊のような、すなわち熊本藩士による正規軍とは異なる軍隊だったと思われる。ただし、それを構成する兵士たちの身分は農民や商人その他ではなく、「郷士」であったことに特徴がある。この点は、長州の諸隊とも異なる。それは高田が、「大事業を為すには、長州奇兵隊のような草莽不良の徒の集合輩のみでは成功は覚束かない。本藩の力を仮り肥後領内の郷士中、所謂《いわゆる》鞠躬《きっきゅう》（慎み深い様）の者を抜擢し、倶《とも》に尽力しなければ事を成すことをはできない」（「古荘口述」）という持論を有していたからである。この「持論」からは、高田は「草莽」を信用していなかったことが窺える。「草莽」たちの中にも、優れた人物は多い。しかし「草莽」たちは、時に「不良の徒」ともなりうる。高田は長州の諸隊の軍隊としての強さとともに、諸隊に属する一部の「草莽不良の徒」の無原則かつ粗暴な振る舞い（諸隊内ではしばしば、傷害や盗難などの事件が繰り返し起きた）も見ていたものと推測される。

有終館が解体されるとき（明治三年七月）、館には総計二五二人が所属していた。内訳は「鶴崎生」（多くは鶴崎の船手士族＝郷士）一四三人、高田・野津原・佐賀関など豊後国内の熊本藩領から三一人、その他は、熊本本藩領内の者たちである。中でも阿蘇とその周辺からは、地理的に近いからか四〇人を超えている。また、遠くは芦北からも七人が加わっている。二五〇人を超える規模であったから、「一番小隊より二番小隊までは、有終館にて御備え出来候」（『国事十』）と、一小隊の規模にもよるが、有終館だけで数小隊が常備されていたことになる。

明治二年八月、熊本藩から有終館に対して「京都御警護」として、「有終館詰め兵隊の内、精選をもって一小隊」を派遣するよう命令が下った。翌月、総勢七三人からなる小隊が、四艘の帆船に分乗して、京都壬生《みぶ》の熊本藩邸に到着した。この時の小隊の規模、すなわち兵卒数（伍長を含む）は六四人、小隊長は荘野彦七であった。この京都警護についで古荘嘉門はのちに、「荘野彦七は鶴崎の兵二小隊を引率し、京都に出張せり」と語っている（『古荘口述』）。

この警護役では、熊本藩の担当は「建礼御門の守衛」であった。有終館の小隊は、他の熊本藩の部隊と交替で任務に就いた。翌明治三年一月、皇后の東京遷座とともに建礼御門警護の任を解かれ、鶴崎に帰着している。

有終館の分営と教練

古荘嘉門は、有終館の編成と運営について、次のように語っている。「明治元年《ママ》中、旧熊本藩から鶴崎において、一館を設立し有終館と号した。在勤の番頭が有終館の事務を総轄し、また熊本から高田源兵、木村弦雄、吉海良作等を派遣して「兵隊 倡《いざない》役（指揮官）」とし、該所に在勤させ、鶴崎船手の者ならびにその子弟を徴集し、兵隊およそ七～八中隊を編制し、これを訓練した。また、野津原、佐賀ノ関、山奥等に分営を設け、鶴崎から代わる代わる倡役一名を派出し、分営に一小隊ないし半小隊を編成し、鶴崎同様にこれを教練した。鶴崎の兵と合併すれば、およそ一大隊に充分な規模であった」(「古荘口述」)と。

有終館は鶴崎に本隊を置いたが、そのほかに「野津原、佐賀ノ関、山奥」に分営も設けたと、古荘は述べている。また木村は、「兵営は鶴崎一ヶ所では不便なため、佐賀関・大在・近在・奥在・野津原の五ヶ所に分営を設け、自分たち指揮役が十五日交替で、分営を回っていた」(「木村口述」)という。このように指揮官をローテーションさせながら、各分営で鶴崎本隊同様の軍事教練が行われていた。野津原は現大分市西部、佐賀関は同じく東部で、それぞれ豊後国内の熊本藩領である。大在は大野川を挟んで、鶴崎の対岸である。近在とは鶴崎の南側、高田手永の村々である。奥在は、高田手永に属する「山奥在」で、やはり現大分市南部の熊本藩領(大野川の中流、大分市竹中とその周辺地域)である。さらに古荘は、「その後、熊本藩領内の菊池、佐敷在住の士族の二三男等が有終館に来集し、鶴崎の兵隊に加入する者、日に多く」と、熊本領内から士族の二三男が続々と集まったと述べている(「古荘口述」)。

「鶴崎有終館の軍令」

有終館が設立されて約半年後の明治二年九月には、「塾生」(有終館の兵員)に対して「鶴崎有終館の軍令」が発令されたようである。この「軍令」の存在は、有終館が軍隊以外の何ものでもないことを示している。次がその全文である(『九州日日新聞』大正四年五月一八日付。以下『九日』と略記)。

鶴崎有終館の軍令

一　人々忠義を第一とし天朝国家の御為と申す儀を能く心にしるし聊《いささ》かも私之心《わたくしのこころ》を挿《はさ》む間敷《まじき》事《こと》

一　軍陣にては勇気を第一とす臆病の振有之《ふるまいこれあり》武士道を忘却いたし候はば屹度可被処軍法事《きっとぐんぽうにしょせらるべきこと》

一　隊長並《ならび》に頭分《かしらぶん》の指図を違背いたし候はば可為罪科事《ざいかたるべきこと》

一　武士に不似合不行跡之儀有之候《これありそうろう》はば罪状之軽重に応じ可被処罪科事《ざいかにしょせらるべきこと》

一　約束期限に違うものは可為罪科事

以上

明治二年九月

全部でわずか五条である。全体として武士として、そして有終館の兵士としての心構え、または道義を示しているものである。第一条では、私心を去り「天朝国家」への忠義を求めている。第二条では、戦陣での心構えを説くが、反した場合は「軍法」によって処されるとする。この「軍令」以外に「軍法」の存在を示唆するが、今のところその詳細は不明である。第三条から五条もまた、武士ならびに兵士としての道義を強調、確認しているといえよう。

この軍令を、有終館の誰が作成したかは不明である。おそらく、高田や毛利空桑が中心となって、さらに幹部連の意見を容れて成立したのであろう。しかし「軍令」が特に、武士としての道義を強調している点に特色を見いだしたい。高田が有終館をあえて「郷士」で編制したのは、長州奇兵隊のような「草莽不良の徒」ではなく、「鞠躬《きっきゅう》の者」を抜擢した軍隊を求めたからであった。そう考えるとこの「軍令」には、やはり有終館を率いる高田の意志が、濃厚に反映されていると考えるべきであろう。

豊予海峡砲台敷設計画

有終館では、豊予海峡に砲台を敷設する計画も進めていた。さきに木村弦雄による「鶴崎兵隊取起之大意」という、藩庁への有終館創設の建言を紹介した。そのなかに「佐賀関に砲台を築く」というものがあったが、有終館は実際に砲台敷設計画を進めていた。

明治三年一月、古荘嘉門は有終館の同志とともに、「佐賀関の鼻にある牧場」に行き、豊予海峡の地形を視察した。その結果、佐賀関と佐田《さだ》岬（現愛媛県伊方町）、およびその中間に位置する「青島」（佐賀関半島沖の「高島」を指すものと思われる）に砲台を敷設する計画をたてた。その目的は、「若し外夷の船艦が内海に迫るようなことがある場合は、その第一関門に於て喰い止むるの計画」であったという。ところが、佐賀関は熊本藩領であるが、対岸の佐田岬は伊予藩の領地（佐田岬半島は、宇和島藩とその支藩である吉田藩の藩領）である。そのため、「伊予藩士佐野民也」と海防のための砲台建設に関する交渉をはじめた。しかしその矢先、山口藩脱隊騒動が切迫してきたため、交渉はそのまま中断されてしまったという（『九日』大正四年五月一五日付）。

明治政府は早くから豊予海峡の軍事的重要性を認識し、その後大正から昭和にかけて、豊予海峡全体を要塞化していく（豊予要塞）。しかし有終館が、すでに明治初年に、豊予海峡に砲台の敷設を計画していたという事実は注目に値する。しかもその目的が、「外夷の船艦」を食い止めるということであるから、言い換えれば「攘夷実行のための砲台敷設」ということになる。この計画は明治新政府はもとより、熊本藩庁との連絡のもとに事が進められていたようにはみえない。であれば、有終館は独自の軍事計画を進めつつあったことになる。有終館の存在とその動きは、われわれの予想を超えてかなり大掛かりなものであったとみなければならない。

有終館の経済活動

有終館の設立が藩から裁可された時、有終館のために熊本藩が、特別な予算を計上したわけではなかった。高田源兵の指示で、有終館の経理責任者となったのが木村弦雄であった。木村は有終館の経済状況を、次のように述べている（「木村口述」）。

有終館の兵備については、たちまち「養兵ノ金穀」（資金や食料）に支障を来した。運営資金を本藩に要請しても、俗吏たちの議論は因循で、遂に支給されることはなかった。有終館の準備資金などは、有終館自身で調達の方法を立てなければ、せっかく設けた常備兵（有終館）が水泡となってしまう。自分（木村）は源兵から、専ら養兵の事を担当してほしいとの依頼を受け、その事業に着手した。まず本藩に要請して、帆前船（洋式の船）一艘を貰い受けた。そして長崎に一ヶ所の出店を設け、一般の荷物の運搬を行い、その賃銭を得ることにした。さらに土地の産物（たとえば乾鮑《ほしあわび》や鯣《するめ》）を貿易する。あるいはまた、製塩所を佐賀ノ関に設け、これらの利益をもって「養兵ノ費用」の足しにした。これらの事務が繁多であるため、自分は練兵の方には、特に関係しなかった。

実際に、長崎の西洋人に貸与された帆前船の賃銭を、長崎で受け取っている。沢田衛守殺害事件（明治三年三月）から間もない頃、中村は高田から、「いま木村は熊本にいる。おまえは今から熊本に向かい、木村とともに長崎へ行け。長崎に居留する西洋人に本館附属の帆前船が貸与されている。その船の貸与料（使用料）を取り立てて、帰ってこい」という命令を受け、実際に長崎まで行っている。西洋人との交渉は木村が行ったが、中村は木村から貸与料三〜四百円を受け取り、木村とは長崎で別れ、熊本を経由して鶴崎に帰還している（「中村口述」）。これは有終館自体が、帆船を運用しているというより、おそらく熊本藩が貸与していた船の賃銭受け取りの権利を、有終館に与えたものと思われる。しかし、明治初年の三〜四百円といえば、それなりの金額である。

また明治三年の春頃と思われるが、木村は「製塩所の事について、参事奥村軍記より至急佐賀ノ関へ出張致すべしとの沙汰があったので、早速同所へ行った」（「木村口述」）との記述もあって、有終館は佐賀関の製塩所経営も、実際に行っていたとみられる。

有終館の存続期間は、一年半に満たないが、このような独自の経済活動によって運営されていたのである。有終館は、ある意味で経済的に自立していたわけで、言い換えれば経済的には熊本藩に縛られないわけである。それは高田にとって、自らの遠大な目的を達する上で重要だったといえるかも知れない。

「有終館ノ持論」

有終館が、熊本藩の鶴崎における軍事力として創設され、明治維新の政局において京都の「禁衛奉仕」などの役目を果たしてきたことをみてきた。しかし有終館の創設を建議して、事実上有終館の最高指揮官であった高田源兵に、有終館がもつ別の構想（政府転覆）があったことはすでに触れた。ここでは、有終館の「真の存在意義」について、もう一度具体的に確認したい。

高田が常に周囲に語っていた「有終館ノ持論」というものがある。それが、冒頭にあげた中村六蔵口述書「第十八条」である。これを要するに、「孝明天皇（先帝）がめざしたのは尊王攘夷であり、それに従って王政復古が実現した。しかし、新政府は「維新」に名をかり新奇の政策を次々に実施し、攘夷を行っていない。これは明らかに先帝の意志に反している。もはや強藩といえども一藩で現政府に対抗し、勢力を挽回することは出来ない。しかし数藩が連合して政府に迫れば、政府も現在の方針を改めるであろう」というものである。高田は、この構想を常日頃から周囲に説いていた。この「数藩の連合」のために、有終館がまず着手したのが、豊後七藩会議の設立であった。この豊後七藩を皮切りに、さらに豊前から薩摩・日向を除く九州各地の諸藩を糾合する構想があった。そして高田は、有終館を熊本藩の正式な軍事部門の代表として、諸藩に認識させようとした。それがいわゆる「有終館の名義」であった。有終館の背後にある熊本藩の信用で、「数藩の連合」を成立させようとした。さらに高田の構想では、九州における「数藩の連合」が成立すれば、熊本藩自身（いわゆる「本藩」）も起つことになる、いや起たざるをえないだろうと考えていた。いや、そのように誘導したい、というのが正確かも知れない。

中村六蔵は「本藩の主意に背戻したる有終館の企て、即ち源兵等が本藩の名義を狼藉《ろうぜき》して有終館を設立し、その兵士を師《ひき》いて私かに不軌を謀る術策」（「中村口述」）ともいっている。つまり、有終館の設立とその存在は「本藩の主意」に反したものであり、有終館とは高田が「本藩の信用を狼藉、すなわち踏みにじって設立し、その兵士を率いて私的な反乱（不軌）を謀るための術策」であったというのである。

ある日、古荘嘉門は高田に問うた。「有終館の僅《わず》かな兵を訓練し、これを何に用いるのだ」と。高田は、「僅かな兵であっても時間をかけて訓練すれば、そしてこの兵をわが物にしたうえで優れた指揮官を得たならば、遠く離れたところで大事を成し遂げるであろう」と（「古荘口述」）。「優れた指揮官」とは、自らをさしているのだろうか。古荘はまた「そもそも有終館において兵を練り、士気を鼓舞し、天下に事あるときはその変に乗じて、この兵隊をもって大功業をたて、朝政を一変させようとする念慮は、もとより有終館発起の時からあったと想像する」ともいっている。有終館とは、「朝政を一変」させるための軍事力であった。

ところで、高田が批判する当時の政府とは、どのようなものであったのか。中村は高田が、当時の政府を「薩長土肥強藩政事《ママ》」「薩長等の強藩の横暴」というような言葉で批判していたという。のちに自由民権運動において、批判の対象となったのが「有司専制」という、専制的支配体制であった。有司とは、「二三大臣」「要路の官吏数人」などともいわれた。要するに、大久保や西郷、木戸や広沢、それに岩倉など、一部の特権官僚をさす。この一部の統治集団が国家意志の決定権を独占する「有司専制」は、すでに慶応四年四月の政体書によって制度的には成立していたという（猪飼）。さらにいえば、その政府を支えるのが彼らの背後にいる「強藩」の軍事力であった。

有司専制政府の打倒をめざす高田と鶴崎有終館の存在に、政府も気づかぬはずはない。有終館設立からおよそ半年後の、木戸の槇村正直（山口藩出身、京都府権大参事。のち京都府知事）・廣澤真臣宛書簡では、次のように述べている（明治二年九月一〇日付）。「久留米と肥後とへ浮浪が潜集いたしおるようである。肥後の分は鶴崎に潜集していると聞いている。久留米は古松潤二《ママ》参政とかいう者が、藩中において多いに権を張り、甚だ勢いが強く、政府に敵対しなくては、是非今日の皇国の為にはならないと主張し」、「鶴崎は肥後の攘夷連と浮浪が合流し、一説には河上顕《ママ》斎などＯも屯《たむろ》していると聞いている」と（下山）。すでに鶴崎は久留米とともに、九州の反政府攘夷派および「浮浪」たちの拠点とみられていたのである。

厳しい入館規制

鶴崎有終館は、直接的には高田の「私的な不軌」のための軍事力であった。しかし、有終館とは九州における反政府の諸藩連合を形成する、オルガナイザー（組織化の拠点）としての役割も担っていた。有終館には様々な藩の人々が来訪した。例えば山口藩の奇兵隊関係者（脱隊騒動前に軍事的な協力を依頼している）、高知藩の脱藩活動家（岡崎恭助など）、久留米藩の攘夷派（古松簡二など）、豊後国内では岡藩、杵築藩、森藩などの尊王攘夷派の藩士たちなどである。彼らに共通点を見出すとすれば、やはり九州そのほかの「反政府攘夷派」の者たちである。しかしこのような人々が、鶴崎に集まるのは、有終館成立後とばかりはいえない。その前にも、多くの尊王攘夷派の志士が、鶴崎の地を訪ねていた。鶴崎にこのような素地を作ったのは、毛利空桑であった。例えば、吉田松陰や大楽源太郎も、かつて毛利空桑を訪ねている。

こうして鶴崎と有終館は、反政府攘夷派の拠点となった。当然、次第に熊本藩（本藩）も警戒しはじめる。また、政府も有終館に目を付けるようになる。そのような状況は、有終館側でも、当然察知しているから、有終館も出入りの人々の中に密偵が潜んでいないか警戒する。有終館は、厳しい入館規制を行っていた。

中村はこのことを次のようにいっている。「有終館の門内へ、他方の者はみだりに入ることを許さない。来訪者があればまず、有終館の門番に来訪の理由を告げ、名刺を差し出さねばならない。その後門番はこれを本館に連絡し、その後すぐに門内に入れることもある。しかし多くは中に入れず、まず旅館を案内しそこで待機させる。その後、館中に詰めている者が旅館を訪問して応接する。これが常日頃の対応である」（「中村口述」）と。極度に来訪者を警戒していることが分かる。余程、信頼できる者しか、有終館内には入れなかった。

また、古荘嘉門は次のように述べている。有終館には、「指導者は勿論、兵卒に至るまで一切他藩の者を加入させることはなかった。もし他藩の者が有終館に来ることがあれば、来館理由が公私にかかわらず、まず毛利到宅に通した。そこで来訪の理由を告げさせ、これを有終館に通知した。面会することになれば、高田源兵以下、居合わせた者（幹部のうちの誰か）が応接した」と（「木村口述」）。毛利空桑が来訪者の窓口になっており、他藩の者が有終館を直接訪問することは出来なかった。有終館の敷居は高かった。

しかし、それでも密偵が紛れ込むことがあった。その例が、沢田衛守とその殺害事件であった（第三章）。

有終館と大楽騒動

大楽騒動については、第四章・五章で詳述する。ただ、有終館の廃止の原因の第一が、大楽ほか山口藩隊卒の潜匿であるため、ここで概略だけを述べておきたい。

山口藩の脱隊騒動が鎮圧されると、脱徒が九州や四国に多数逃亡した。二月中には、すでに秋山五郎（大楽の弟、山県源吾の変名）など十数人が毛利空桑を頼って鶴崎に来ている。毛利空桑は、高田源兵や古荘嘉門、木村弦雄などと謀り、これらを潜匿させた。潜匿先は、鶴崎ほか周辺の村々の寺院などに分散させた。『国事十』に「三月五日長州暴徒大楽源太郎護送者の目を窃《ぬす》みて逃亡し後豊後鶴崎に至り有終館に投す」とある。三月五日とは、『防長回天史第六編下』の「兇徒ノ一巨魁タリシ大楽源太郎ヲ山口ニ送致シ途上三月五日夜護送者ノ不注意ヨリ逃亡セシメタル」に従ったものである。大楽は三月五日に逃亡し、その後、杵築藩領の姫島を経て、三月中旬頃鶴崎に潜入したという。大楽は兼ねてから交友のあった、毛利空桑や高田源兵を頼って鶴崎にやってきた。因みに、脱隊騒動直前の明治二年十月、奇兵隊士として有終館を訪れ高田に面会した津守幹太郎（閑太郎）は、「毛利到の塾生」である（「古荘口述」）。

密かに有終館に現れた大楽は、「館長」である高田に面会を求めた。門衛は姓名を問うたが答えず、館長に直接会って姓名を告げるとだけいう。そこで高田が引見してみれば、それは大楽源太郎であった。大楽は、「剽悍《ひょうかん》の若者たちを抑えきれず、暴発させてしまった。遺憾ながら、ついに不覚を取ってしまった」と高田に謝したという（『国事十』）。なぜ大楽は高田に謝ったのか。それは、有終館は「兼ねてから奇兵隊とは謀略を相通じ、挙兵の約束もこれあるにつき」（「古荘口述」）という事情があったからである。「時機を待ってともに起つ」という約束が、大楽と高田の間にはあったのである。その約束に反したと、大楽は高田に謝った。

実際、山口藩諸隊の反乱とその敗北に、高田は大いに落胆した。しかし、毛利空桑も含め、有終館では「力の及ぶ限り彼ら（脱徒）を救護し、機会を待って勢力を回復させるべし」（「古荘口述」）との方針をとった。高田は大楽を有終館の重立った者に面会させた。そして大楽を、鶴崎近傍の寺院に潜匿させた。

しかし山口藩の追及の手は、すぐに有終館に及んだ。山口藩は、「有終館は平生から政府に不満を懐いている。必ず大楽を匿うに違いない」と踏んで、しきりに諜者を鶴崎に潜入させた。そして熊本藩に対し公然と、「当藩の大楽源太郎らが、尊藩の領地豊後の鶴崎に匿われている。よろしく捜査を請う」と通牒してきた。熊本藩では直ちに使者を有終館に送り、山口藩を満足させるべく、大楽捕縛の厳命を下した。高田らは、陽にこれに従ったが、陰には大楽らを潜匿し続けた。

しかし、潜匿にも限界があった。熊本藩の命令はますます厳しくなり、高田に対する圧力も強まる一方であった。明治三年の五月には、熊本藩で実学党政権が成立した。実学党はこれまで以上に、肥後勤王党など攘夷派連に弾圧を加えた。当然、勤王党の領袖である高田率いる有終館にも、一層の圧力がかかった。これ以上、大楽らの潜匿は無理だと判断した高田は、大楽を久留米藩に託すことを決断した。久留米へ向かった大楽は、まず岡藩に身を寄せた。彼を受け入れた赤座彌太郎によれば、明治三年の六月二日に竹田に着いている（『国事十』）。

有終館の廃止

有終館の幹部であった古荘嘉門は、大正四年（一九一五）五月に死去した。『九州日日新聞』では、古荘の事蹟を追った「噫古荘翁」を一二回にわたって掲載している。その三回目に有終館廃止の経緯が、次のようにある。「時に山口藩士積憤は遂に破裂して、大楽源太郎等の内訌が起り、大楽は為に譴《けん》を蒙って謫居《たっきょ》したので、門生を再三鶴崎に送り、毛利到氏に書を齎《もたら》して応援を乞うた。処が此のこと早くも藩庁に聞こえ、藩庁では此の侭《まま》有終館を保存し、各藩の有志者と往来通謀して万一異図を懐くが如きことがあってはとの懸念から、三年七月遂に有終館廃止、塾生解放の令が出た。当時大楽源太郎の門生に対しては、河上彦斎は時勢の変遷を説いて、此処に諸君を応援する多少の兵器と食糧とは有るけれど、これは藩公より預かって居る処のもので、自分等の所存を以て恣《ほしいまま》に扱う訳にいかぬことを陳じたのであったけれど、嫌疑の雲は翁等同志の身辺に繞《めぐ》り、翁等は有終館の閉止と同時に熊本に帰って来たのであった」（『九日』大正四年五月一五日付）と。

ここには、高田や有終館にかけられた熊本藩の「嫌疑」（廃止の理由）が、おおまかにふたつある。ひとつは、脱徒をはじめ「各藩の有志者と往来通謀」である。もうひとつは、脱徒らに「兵器と食糧」を供与する意図があったのではないかという疑いである。

さらに有終館廃止については、熊本藩における実学党政権成立との関わりをみておかねばならない。『国事十』に、明治三年「五月八日本藩知事韶邦《よしくに》の致任を聴許し世子護久《もりひさ》をして家督襲職せしめらる」とある。これを転機として、熊本藩では保守的な学校党政権に代わって、横井小楠の影響下にあった実学党が藩政を掌握する。このいわゆる実学党政権は、地域の行財政を運営した庄屋層などの「民意」を汲み上げ、減税を実施するなど革新的な政策を展開した。減税の一方、藩士の俸禄を削減するなどの財政改革も行う。また中央政府の指令（各藩の軍事力の制限など）もあって、軍事力の削減も行う。その一環として、七月一七日に鶴崎有終館の廃止が正式に決定された。これはまた、有終館を事実上統率した高田に代表される、肥後勤王党の政治的影響力の削減も意図したものであった。

「小橋私記」は、有終館廃止前後の事情を次のようにいう（『国事十』）。「七月十七日、豊後鶴崎に設置せし有終館を廃止し、塾生は悉《ことごと》く解放したり。蓋《けだし》同館は、高田源兵衛《ママ》に管掌せしめし所にして、該地毛利到父子、其他同志者相携へて盛に文武を奨励し、山口久留米等の同志亦《また》相往来通謀する所ありしを以て、藩政府の更迭に際し、或《あるい》は異図あらむ歟《か》と疑はれ、終《つい》に此処置を受けしものなり。解放の為、糊口に窮する者少らさるを以て、該館所属の船舶等を給与する旨を懇示して、稍《ようや》く無事解散を承諾せしめたり」と。

有終館廃止の背景には、山口藩や久留米藩の反政府攘夷派士族との「通謀」があり、それは藩政府との「異図」であるとして、有終館が廃止されたことが分かる。また、放り出された「塾生」たちの糊口を凌ぐため、有終館所属の船舶が給与され、ようやく解散が実現したという。なお、この「小橋私記」は、『国事十』の「七月十七日、本藩知事護久、藩政を改革し藩士の俸禄を減省すると倶《とも》に、民力休養を慮《おもんぱか》り、正税外の上米等を免除す」という見出しの史料中に含まれている。従って、有終館の廃止は藩制改革の一環、中でも軍備縮小による支出削減の一環として実施されたことが分かる。

第二章

豊後七藩会議と攘夷派の動向

「中村口述書第十四条」から

ある日、豊後森藩士族直江《なおえ》精一郎が有終館に来たので、木村弦雄が面会した。精一郎が有終館に来たのは、先に木村が森藩を訪ねて、（「木村の持説」を）精一郎に次のように語ったからである。「そもそも、豊後東部に七つの藩が並び立っているが、いずれも封域（領地）が狭く、『犬牙錯雑』という状態で、風習や言葉も異なっている。そのため朝廷の命令があっても、各藩それぞれ考えがあって、対応が異なるという弊害がある。これを矯正するため月に一回か二回、各藩持ち回りで会合して、お互いに情義を通じるべきである。それによって、百事が一途に出たとしても、人民が等しく朝廷の意向を遵奉《じゅんぼう》するようにしたいという考えである」と。すると森藩は、この意見ににわかに賛同した。そして今日、直江精一郎は木村弦雄を誘い同伴して、ほかの豊後六藩を遊説するために有終館を訪れた。

豊後七藩会議とは

中村六蔵が熊本から鶴崎に来たのは、明治三年正月下旬頃という。鶴崎に来て間もなく、中村は有終館を訪ね木村に面会した。そして木村に、有終館来訪の経緯や理由を告げている。その直後の口述に、この記述がある。その後、直江と中村が連れ立って豊後各藩を遊説したのは二月中であったから、直江が有終館を訪ねて来たのは、明治三年の二月はじめ頃であったと思われる。

ここで「豊後藩県会議」について、『大分県史近代篇Ⅰ』の記述を紹介したい。まず豊後藩県会議に参加した豊後諸藩は、杵築・日出・府内・森・岡・臼杵・佐伯の七藩である。「藩県」の「県」

とは、明治維新後幕領から天領となって、慶応四年閏四月に設置された日田県である。この会議の名称は確たるものはなく、例えば『佐伯藩日記』では「豊後州会議」「豊後州会盟」などとあり、豊後諸藩での呼称は異なっていた。明治三年三月に岡藩（竹田）で第一回会議が開かれ、八月に臼杵で第二回会議、一〇月に杵築で第三回会議、そして一一月に日出で第四回会議（臨時会）が開かれた。第四回を最後に、この会議の開催は政府から禁じられたから、明治三年中に四回だけ開かれたことになる。なお日田県は第一回会議のみ、また豊前豊津藩が日田県の仲介で第二回会議に一度だけ参加している。豊前中津藩は、この会議には全くかかわっていない。会議に参加したのは各藩の大参事（家老クラス）や権大参事（奉行クラス）などであったから、実態は各藩の重役会議であったといえる。

筆者は、この会議を「豊後藩県会議」と称することには違和感がある。それは、豊後七「藩」と九州を統治する目的でおかれた日田「県」との立場が、全く違っているからである。また、初代日田県知事松方正義も豊後七藩とは距離を置いている（後述）。しかも日田県は、「様子見のため」に第一回目の会議だけに官吏を派遣しているだけである。古荘嘉門は、のちにこれを「豊後七藩会議」と称している。筆者も会議の名称は、この「豊後七藩会議」が実態を正確に示していると考えている。

豊後七藩会議では、何が話し合われたのか。第一回会議（三月一二日開催）では、会議自体の「概略の基礎」「仮規則の条件」を決定（内容の詳細は不明）。今後毎月一回会議を開くこと、石高の大きい藩から持ち回りとすること、知事（旧藩主）の参加を検討することなどが決められた。第二回会議（八月一五日開催）では、駅郷人足賃金の件や、他藩県出身犯罪者のとり扱いについて話し合われ、各藩が様々な事象について統一した対応を取ることをめざしたようである。特に「他藩県出身犯罪者のとり扱い」とは、明治二年暮れから三年初めに起こった、山口藩脱隊騒動による脱徒（脱走兵）への対応と思われる。

また、明治三年九月に公布された「藩制」（太政官布告によって各藩の財政や軍事に政府が規制を加えた法令）は、藩庁機構および官員（役人）数に藩の規模に応じた制限を行い、さらに知事の家禄や政務費など、藩財政にも制限を加えた。これは藩体制を実質的に解体に向かわせる（主体性を奪う）ものであり、豊後諸藩も対応に苦慮した。また、「藩制」実施にともなう藩政改革では、いま風にいえば緊縮財政や職員数削減という方向に行かざるを得ない。すると「藩内の迷惑」（藩士や領民の困窮など）を招き、一揆に発展する可能性すらあった。この不満や反発にどのように対処するのか、如何にして他藩並みに自藩を運営していくかが大きな課題であった。こうした事態に対して、豊後七藩会議を開いて足並みをそろえようとしたのである。第三回の杵築会議では、七藩間で「藩力疲弊」に対して、相互に「救補」しあうという申し合わせも行われた。このことは、豊後七藩が共通の危機に対応すると同時に、会議によって豊後七藩の連帯意識を呼び起こしたとも評価することができよう。

ところで、日田県知事松方正義から、大久保利通宛の豊後七藩会議に関する書簡がある。これは、第一回会議後の明治三年四月七日付である。それには、「全て小藩にては此の節、藩政改革の事沸騰の憂いこれ有り候に付き、各藩の会議を以て致したき趣意に申し聞き候」（『公爵松方正義伝』）と、豊後七藩会議開催の趣旨について報告している。第一回会議に日田県吏員も参加したから、会議の意義をこのように捉え、松方知事もそのように理解した。松方の報告は、この会議が小藩ばかりの豊後諸藩の窮状（「藩政改革の事沸騰の憂い」）に対処するために行われていると判断している。一方で松方は、小藩の窮状を端から横目で傍観していたともいえる。

四国会議とその廃止

このような地域的結合を強めようとする動きは、豊後諸藩以外にもあった。四国では「四国会議」（「四国十三藩会議」ともいう）が、すでに明治二年に成立している。明治二年正月、高知藩の提唱に宇和島藩が賛同し、四月一〇日に丸亀（現香川県丸亀市）で初めての四国一三藩の会議が開催された。はじめは丸亀が開催地であったため「丸亀会議」と称したが、明治三年になって会場を琴平（金比羅、現香川県琴平町）に移したため、「琴陵会議（また金陵会議）」とも称した。毎月「十日の日を以て会議定日」として、会議を行った。明治二年八月上旬に採択された「趣意書」には、「今や外国の勢いは日に日に猖獗《しょうけつ》にして、しかも速く浸透して制することが出来ない。六十州はひとつになって協心戮力《りくりょく》し、左右の手をお互いに携えなければ、何を持って外国と折衝しその侮りを防ぐとことができようか」、それが出来ないのは「各藩の国情が通じていないからである。ひとつの会議所を設けて、それぞれの藩の意図を内外に表明し、また利害、得失を論ずる必要がある」（『国事九』）と述べている。明治三年六月には、「金陵会議所規則」も制定された。

この規則は、「各藩において、今以上に奮発盡力して、屹度《きっと》会議の実効をたて、朝廷の御補翼《ママ》の一端とも成るべく」決議されたという。ところがその矢先の七月二七日、高知藩の谷干城と片岡健吉が東京から四国に帰ってきた。その目的は、四国会議を解散させることにあった。解散の理由は、「(四国会議は)人選において(相応しい)人を得ず、各藩の代表者が単に会合して、酒食に金銭を浪費するだけで、何の得る所もない。目的を誤っているといわざるを得ず、政費節減の手はじめとしてこの会議を解散することを、東京で板垣も交えて決定した」からであるという。そして高知への帰途、金比羅に立ち寄り、四国諸藩の各藩代表者たちに対し、「解散するを発議」した。突然のことで、会議は議論が紛々として、意見は一致しなかった。そこで谷と片岡の両人は、「高知藩ではすでに決定したことであるから、わが藩の代表者を引き取らせる」といい放ち、会議は「破談」となり、ふたりは高知へ帰って行ったという。すでに述べたように、四国会議の発案者は高知藩であった。高知藩はここで、四国会議に対する方針を一八〇度転換させたことになる。この方針転換は東京で決定されたというが、その理由は何だったのか。「酒食に金銭を浪費」云々は、とってつけた表向きの理由に思えるが、四国会議は明治三年八月二八日に禁止された(『豊範公記百二十六巻』)。

なお、この四国会議に関しては、多くを『国事九』に依拠している。熊本藩はこの会議に強い関心を抱き、探索方を派遣して、その成立の当初から四国諸藩の情報を収集している。また、高田源兵は、日時も理由も不明ではあるが、四国を訪ねたらしい。古荘嘉門は、「かつて源兵が四国へ赴いたことは知っている」といい、鶴崎での挙兵に失敗したらどうするかと問うた時、高田は「四国へ渡って再挙を図るべし」と答えたという(「古荘口述」)。源兵がこのように答えたことは、四国会議と一脈通じていた可能性を窺わせる。

豊後七藩会議の発起人

四国会議から、再び豊後七藩会議に戻りたい。『大分県史近代篇Ⅰ』では、「豊後藩県会議の発起人は森藩であった」としている。しかし冒頭の「中村口述」によれば、発起人は鶴崎の「有終館」という事になる。木村弦雄が森藩を訪れ、豊後七藩会議の開催を提起し、森藩がこれに応じた。そして森藩士直江精一郎が各藩遊説のために、木村を誘うため有終館にやってきた。

ところが、有終館には偶々、高田も古荘もおらず、幹部は木村ひとりであった。そのため木村は、「今、有終館を空けて遊説に出るわけにはいかない」と直江にいった。すると直江は、「今、ぐずぐずしていると機会を失いかねない。重要なのは『有終館の名義』であるのだから、やむなくば有終館から書生をひとりだしてあなたの（木村の）代理として、私とともに六藩を回説してはどうか」と代案を出した。木村は、「では、そのようにしよう」と了承した。そして木村は中村らが宿泊している旅店にきて、これまでの経緯を説明し、「誰かを直江精一郎に同行させたい」といった。そこで中村が、「私が是非行きたい」と自らこの役を買って出た。木村も同意したので、中村は有終館内にある木村の役宅に行き、直江もまた木村の役宅に現れた。三人で種々協議し、檄文を木村が草した。その内容は、木村が森藩で最初に豊後七藩会議を提起した時と同じようなものであったという（「中村口述」）。

ところが、豊後七藩会議の発起人に関し、古荘の見解は微妙に異なる（以下、「古荘口述」）。まず古荘は、「豊後七藩会議の起源は、自分は詳しく知らない」という。これは、古荘のような有終館の幹部も、会議の発起に関与していないことを意味する。ただ、高田と木村が専らこの事をすすめ、他藩人もしばしば有終館に往来する様子は見聞していた。そもそもこの会議は、有終館のみに関した会議ではない。会議の目的は、諸藩の藩治に関わる利害得失を協議することにあった。豊後諸藩はいずれも小藩で、藩域も狭い。朝廷の命令を受けても、対応がまちまちでは困るから、お互いに調整しようとしたのである。しかし実は、「藩々が協力同心して行う目的は、必ず外にあると推察していた（単なる協力会議ではない）」。もともとこの会議については、鶴崎番代もしくは郡代が配慮すべき筈であった。ところが、（番代や郡代を介さず）専ら高田と木村が周旋し、それに中村が加わって遊説していた（つまり、三人で計画し実行に移していた）。従って、一概に（番代や郡代の公認のもとで）有終館が発起したとはいい難い。これは、他藩に関係する案件については、交渉を常に有終館に「委託」していたからである（「古荘口述」）。

つまり古荘がいうのは、豊後七藩会議の発起と遊説は、高田、木村、中村の三人だけでやっていたのだという。鶴崎番代と郡代は関与しておらず、従って熊本藩が正式に発起したものではない。会議の目的も、豊後各藩の協力関係構築以外にある。即ち、「熊本本藩をこの会議に参加させ」、豊後七藩ほか九州の「諸藩が一致して事を挙げ」、「天下の大事を成す（政府転覆を行う）」ためであったのだろうと、古荘は推測する。

豊後七藩会議開催の遊説

こうして中村と直江のふたりは、鶴崎を発して、まず岡藩を訪ねた。最初に岡藩を訪ねたのは、岡藩が西郷隆盛とも親交があった小河一敏《おごうかずとし》ら尊王攘夷運動家を多数輩出した「勤王藩」であったからだと思われる。もっとも直江は、交際の広い人物で、豊後各藩に知己があった。岡藩でも直江がよく知る藩士に面会し、檄文を渡して多少の説明を行った。岡藩は直ぐに同意し、衣笠敏夫と吉田肇のふたりの藩士を遊説に加わらせた。こうして遊説は四人連れとなった。四人はいったん鶴崎にもどり、岡藩での始末を木村に報告した。すると木村の周旋で、郡代の役宅で岡藩士ふたりと直江を饗応した。

ところで、中村は鶴崎を出て岡藩にむかう前に、「澤俊造」と改名している。理由はよく分からないが、木村が「(本名の)平井譲之助にては不都合」なので改名せよと指示したからだという。中村はその後、鶴崎を去るまで「澤俊造」で立ち回ることになる。

その後四人は、府内、臼杵、佐伯、杵築の各藩へと遊説を重ねた。この四藩のいずれも、豊後七藩会議の設立に同意した。中でも杵築藩は積極的で、藩士ひとりを遊説に加わらせたので、その後は五人での遊説となった。ついで日田県に赴き、松方に面会し他藩と同様の説明をした。そして日田県も、開催に同意すると表明した。こうして何れの藩も異論がなかったため、第一回目の会議は竹田(岡藩)で行い、以後は日田県に「会議所」を設けることにほぼ決定した。

直江精一郎と中村六蔵

ここで少し、森藩士直江精一郎なる人物について述べておきたい。直江精一郎(精兵衛ともいう)

は、鶴見北中《きたじゅう》村庄屋直江雄八郎の次男。北中村（現別府市）は森藩領であったが、雄八郎は天保二年（一八三一）に森藩（主に現玖珠郡を領する小藩。久留島氏、一万四〇〇〇石）の中小姓（侍と足軽の中間に位置する下級武士）に取り立てられた。そこで、婿に哲太郎を迎えて庄屋職を譲った。

直江精一郎は、「内命ある脱走」によって密偵になったという。諸藩はそれぞれ探索方を置き密偵を抱えていたが、藩士の脱藩や脱走を意図的に黙認して、これを密偵として情報収集にあたらせることもあった。「内命ある脱走」とは、これをさすものと思われる。また森藩は、江戸高輪にある上屋敷が鹿児島藩邸の隣であった。そのため、九州に領国を持つよしみで鹿児島藩と通じ、両藩の探索方も情報を共有することがあった。直江精一郎も、「薩摩藩士清水誠一郎」と名乗って動くこともあった。直江は、九州はもとより、京都でも諸藩の情報を収集した。北中村庄屋を継いだ哲太郎も、庄屋でありながら森藩から特命を受けて長州藩ほか、各地の情報収集を行っていた。そのため、精一郎もよく出入りする北中村庄屋の役宅は、さらながら密偵や浪士らの情報交換の場となっていた。

直江精一郎という密偵については、実は拙著『花山院隊「偽官軍」事件』にすでに登場している。この事件は、慶応四年の正月に、豊前・豊後国の尊王攘夷派の志士たち（花山院隊）が、当時九州の幕領を管下に置いていた日田代官所を襲撃する計画を立てた。そして手はじめに、豊前宇佐の四日市陣屋（日田代官所の出張所）を襲撃し、御許山《おもとさん》を占拠した（慶応四年正月）。しかし、豊前宇佐の四日市陣屋（日田代官所の出張所）を襲撃し、御許山を占拠した（慶応四年正月）。しかし、豊草莽の暴走を恐れた長州藩（花山院隊の拠点は下関であった）が、これを「偽官軍」として鎮圧した事件である。この花山院隊は、その軍資金を鹿児島藩からも調達したが、その仲介をしたのが直江精一郎だった。直江が、鹿児島藩とのつながりがあったことはすでに述べた。鹿児島藩もまた、九州の幕府支配を揺るがすため、花山院隊を背後から支援した。直江は鹿児島藩から借り受けた三〇〇両を、花山院隊の中心メンバーの一人矢田宏（矢田は、第三章の沢田衛守殺害事件に関与）に渡した。矢田は別府出身で、直江とは昵懇の仲だった。先に直江哲太郎の役宅が、浪士たちの密会の場だと述べたが、この矢田や御許山騒動を企てたひとりである長三洲《ちょうさんしゅう》（事件には直接参加していない）もこの役宅に出入りして、哲太郎の庇護を受けていた。花山院隊はこの資金をもとに、御許山事件や天草の富岡陣屋襲撃事件を引き起こしている。つまりこの時、直江精一郎は、薩摩と通じた密偵で、尊王攘夷派の「義挙」を背後で支援していたのである。

入江秀利『南鉄輪村庄屋役宅日暦』の明治元年（慶応四年）正月二一日に「直江精兵衛こと清水誠一郎が、種々の周旋の功により、久留島侯（森藩主）より脱走の罪を差赦《さしゆる》され、御扶持下され、お召し返しにあい成り候につき」とある。これについて入江秀利は、「周旋とは情報の探索は勿論、薩摩や長州藩との周旋が功を奏し、森藩は豊後でいち早く勤王藩として有利に展開できた功績が認められたのでしょう」、「精兵衛は三月下旬に中小姓に任官しているので、探索に従事していた当時の身分は足軽でしょう。探索にあたるものは多く下級武士だったようです」と解説している。

そして、明治三年の二月には、森藩士として豊後七藩会議の遊説において、中心的な役割を果たしている。この会議を提起したのは鶴崎有終館である。有終館はまた、明治初期の尊王攘夷派の拠点である。森藩も鹿児島藩に近く、幕末の政局においては、豊前・豊後諸藩の中では、いち早く勤王の態度を表明した藩であった。

そして直江精一郎は、もう一度表舞台に登場する。それは明治四年の「久留米藩難事件」の時である。この時も密偵として、大楽関係者の動向を探索し、豊後七藩会議でともに遊説を行った中村六蔵（この時、中村は久留米攘夷派と行動をともにしていた）をも付け狙った。また政府が武力をもって久留米藩を制圧する際、直江は森藩兵を率いて山口藩の先導をつとめ、久留米藩（攘夷派政権）に圧力をかける側に回っている。

高田源兵の構想

ところで、冒頭の木村の豊後七藩会議の構想は、そのまま受け取って良いものか。実は、豊後諸藩の協力関係の構築や情報交換、藩制への対応といった目的以外に、実は「遠大な計画」が、この会議の背後にも隠されていた。それは有終館の、そしてそれを率いる高田源兵の構想である。「中村口述」には、つぎのようにある。

豊後七藩の遊説が成功裏に終わり、どの藩も会議開催に同意した。中村は有終館に帰着し、その経緯について詳しく「演述」した。遊説の時不在だった、高田と古荘もこれを聞いていたが、中村が話し終わると高田が次のように語った。「この会議は、豊後七藩のみに止まるものではない。まず先に「東豊」（豊後国の意か）の各藩を会同させ、次に西豊（豊前国か）を、さらに肥前・肥後から筑前・筑後の各地に至るまで、漸次会同する。そして諸藩が一致して事を挙げれば、天下の大事といえども、成し得ないことがあろうか。そしてこの会議は、有終館が私的に関与するものではない。本藩（熊本藩）をこの会議に参加させる。もしそれが出来なければ、本藩の命によって有終館がこの会議に関与することにしたい。いますでに七藩が会同した。さらにこの七藩を連合、結束させ、熊本藩に加わるように説得させることが肝要である」と。

これによれば、豊後七藩会議は、単なる豊後諸藩の情報交換や政策すりあわせの場などではない。この豊後七藩を皮切りに、さらに豊前から薩摩・日向を除く九州各地の諸藩を糾合するのだという。その目的たるや、「諸藩が一致して事を挙げ」、「天下の大事を成す」ためだという。この目的が、薩長を中心とする明治新政府に対し、力で対峙しその改革を行う、あわよくば、政府転覆までをも視野に入れた「遠大な計画」であることはいうまでもない。それは第一章で述べた「有終館ノ持論」をみれば明らかであろう。

豊後七藩会議の禁止

このような、豊後七藩会議の存在を、政府が見逃すはずはない。時あたかも、山口藩脱隊騒動で、脱徒が九州に逃れ緊張が高まっている時期である。豊後七藩会議が成立した情報を得てか、日向国でも高鍋藩が隣藩会議開催の伺いを政府に提出している。しかし、これはすぐさま却下された。そこで高鍋藩は、豊後七藩会議を引き合いに出した。すると早速、岡藩の在京者が政府に召喚され、「大小参事の隣藩への相互訪問は差し支えないが、会議は相ならざる規則であった」といい渡され、以後、豊後七藩会議の開催は禁じられてしまう。岡藩参事は明治三年一二月一日付で、「(豊後七藩会議禁止は)如何にも残念ではあるが、杵築・日出の会議で藩制に対する一定の基本方針が立ったことは、大変喜ばしいことであった」という内容の回状を豊後諸藩に送っている。会議はこうして禁止された。

豊後七藩会議に「遠大な計画」をもって期待した有終館は、実際には深く関わることが出来なかった。それは、豊後七藩会議が行われていた時期は、山口の脱徒が続々と鶴崎に逃れてきた時期と重なっていたからである。大楽源太郎も逃れてきた。有終館はこれら脱徒の潜伏の対応に追われていた。中村も「自分入館後、二ヶ月ばかり過ぎた頃から、山口藩の奇兵隊が追々脱走して鶴崎に来た。源兵等に潜伏を依頼し、彼等は鶴崎近傍の寺院あるいは農家などに多人数潜伏している景況は、自分も覚知していた」と述べている。中村が入館したのは、明治三年の正月下旬頃であったから、三月以降は、脱徒潜匿の対応に追われていたことになる。

同じ明治三年の段階で、「総州辺十三藩同盟会」の願いも却下されている。また、四国会議の廃止についてもすでに述べた。四国会議は、明治三年八月二八日に禁止された。四国会議廃止の理由について、吉田藩の記録に次のようにある。「此侭《このまま》に参り候而《そうろうて》は、九州にも又奥州にも同断と中事に相成候而は、中には如何之事を議し候程も難計」と。つまり、「四国十三藩会議をそのままにしておけば、九州にも奥州にも同様の会議ができ、中にはどのような事を話し合うか分からない事態も生ずる」であろうから、禁止されたというのである。先述した高知藩の四国会議に対する方針転換も、ここにあると筆者はみている。この時期、山口藩脱隊騒動による脱徒たちは、九州や四国各地に潜伏していた。また九州では大楽騒動に触発され、諸藩が反政府勢力として結集する可能性すらあった。

「日田会議」と七藩統合構想

明治四年三月、九州の反政府攘夷派殲滅《せんめつ》と、大楽源太郎ほか山口藩脱徒および浮浪の取締りのため、前年一二月に続いて四条隆謌《たかうた》巡察使が再度日田に派遣された。そして攘夷派の拠点であった、久留米藩が制圧されるに至る（久留米藩難事件）。これとほぼ平行して、巡察使による日田県近傍諸藩知事の喚問（三月一二日〜一九日。これを「日田会議」という。詳細は第五章）が行われた。筑前二藩、筑後三藩、豊前三藩、豊後七藩が召喚された。ここで藩知事たちが問われたのは、①朝綱（朝廷のきまり）をどのように心得ているのか、②その士民への申し聞かせはどのようにしているか、③浮浪の取締り状況はどうか、の三点であった。喚問というが、「糺問」に等しい。

喚問に対して、無難に回答し、「朝綱」を遵守《じゅんしゅ》しているという態度を示すため、各藩は苦労した。その状況は、「列藩震慄《しんりつ》」と評された。要するに九州の諸藩は、巡察使の前にひれ伏したいっぽう、朝威は大いに伸長したのである。いっぽう巡察側は、このように九州諸藩が、山口藩脱徒の侵入（大楽騒動）によって動揺させせられるのは、「藩力微弱」によるものと判断した。そのような中で、豊後七藩の統合構想が、巡察使側にあったことは、注目される。

すなわち、巡察使に随行した大史元田（杵築藩士元田直《なおし》か）が、巡察使の井田譲参謀に対し、「これまで小藩にあいまいな所業があったのも、つまるところ藩庁が微力のため、脱徒の妄説に鼓動させられたからである。『豊後七藩合併之論』を立てたいと考え、内々に列藩にはかっている」というのである。七藩を統合するというのは、藩の個別領有権を一部否定しなければ成立しない考えである。要するに政府主導による、「廃藩」から「置県」への構想が、廃藩置県以前に提示されていたのである（佐藤誠朗）。豊後七藩会議は有終館（高田源兵）の構想にもかかわらず、現実には七藩の協力会議化していたが、ここではそれが逆手にとられた印象がある。

四国会議廃止と脱隊騒動

山口藩諸隊の脱隊騒動で、大楽とともにもう一人の巨魁とみなされたのが、富永有隣《ゆうりん》である。富永は山口の野山獄で吉田松陰と出会い、松陰に招かれて松下村塾で教鞭を執ったことでも知られる。その富永は、脱隊騒動の「巨魁」とされ、四国に逃れている。富永は、厳島《いつくしま》や能見島《のうみじま》を経由して多度津《たどつ》（現香川県）から四国に上陸すると、琴平の四国会議を訪れた。富永は明治一〇年に捕縛されたが、その口述書「元山口藩士族脱籍富永有隣犯罪処断」によれば、富永が四国会議を訪れたのは明治三年の二月中旬であった。ここで富永は、大胆にも本名を名乗っている。当時、「会議所の長官」だったのは、高知藩士島村次郎であった。島村はすでに「山口での内乱の事情」（脱隊騒動）もすでに知っていた。というのも、富永が四国に上陸する以前に、多くの脱徒が高知方面へ逃れたことを、知っていたからである。富永が会議所で島村に会い、「国事を論じたところ、島村もこれに同論」であると答え意気投合した。島村は富永のことをすべて「承知の上」で、高知に逃れさせた。

これをみると、四国会議は山口の脱徒を取り締まることなくほぼスルーし、巨魁富永の持論にも同調し潜行を援助していることになる。これはちょうど、九州における大楽源太郎と鶴崎の有終館の関係によく似ている。九州では脱徒の扇動で日田県一揆がおきたと政府はみて、特に脱徒の取締りは厳重を極めた。四国ではははじめ、九州ほど厳しい対応ではなかったのかも知れない。しかし、徐々に脱徒の取締りは厳しくなっていく。それとともに、これまでの四国会議の脱徒への対応の甘さが問題視された可能性もある。このことが、四国会議が突然廃止された、もうひとつの理由ではないかと、筆者は推測している。

ちなみに、明治三年二月頃の大楽源太郎から毛利空桑への書簡の中で、大楽は「四国十三藩の会議所へも参るべき志と相見え候」と述べている（『国事十』）。大楽は、四国会議との連携、同盟への期待を述べているのである。また日時や目的は不明だが、高田も四国を訪ねているし、鶴崎での挙兵に失敗したときは四国に逃れ再起を図るとも語っている。四国会議は攘夷派からみれば、「同志」（反政府攘夷派）たちの組織だと見做されていたことは間違いない。四国会議ははじめ、薩長に対抗する有事の同盟を想定して組織されたともいう（遠矢）。政府としては、こうした反政府的な地域的諸藩会議を禁止しなければならなかった。

さて、『国事九』中の「宇野家文書」には、「今治の海蔵寺（寺名の後に?マークあり）に今治藩士池田忠古の墓碣《ぼけつ》（墓碑）があり、その文中に四州十三藩会議のため、琴平に派遣せられ、明治三年九月二十日、同地にて自刃」とあって、その原因は不明だが「これが弊害を認められたるものにして、解散の動機となりたるものかと存じ候。故に解散は三年十月頃と想像したる次第に候」とある。池田忠古の自刃は、四国会議の廃止と深く関わっていることを示唆する。さて、池田忠古の死の理由は、その真相とは何なのであろうか。

第三章

密偵沢田衛守殺害事件

「中村口述書第二十三条」から

明治三年三月中旬頃、三人ともに四日市村を出立し、数里歩いて山路にかかり、たまたま魚売に行き逢った。その魚を買い取り携えて路傍の茶店に憩い、これを肴にして酒を飲み昼飯を喫し、その後その茶店を出立した。自分は沢田衛守《えいしゅ》と同行の初めから数回手を下そうとしたが、「胸中忍びざるの情」を生じ、そのため気力も加わらなかったが、今酒気を帯びたため、大いに気力を得た。その茶店を出立して、二～三町ばかり行き、路傍の古塚の辺りに満開の桜を見て、與一が自分の袖を引いて「そこだ」とささやいた。そこで自分は、「ちょっと休もう」といい、三人ともに桜花の下に行き、衛守は倒れた石塔に腰を掛け、自分はその左方後ろに立って、與一は自分から二間ばかり後ろに離れて横になった。おのおの詩など吟じ花をながめ、衛守が余念のないことをうかがい、自分は無言のまま衛守に一刀あびせ斬りつけた。衛守が少し前へ伏した所を、また頭上から続けて三刀ばかり斬りつけ、斃れたのを見て直ちに止めを刺した。

共犯者村尾敬助の供述

生々しい、殺害模様の供述である。冒頭の「三人」とは、中村六蔵とその共犯者村尾敬助（当時は山本與一と名乗る。以下、山本）、それに殺害された沢田衛守である。共犯者として捕らえられた山本の供述は、次の通りである（要約）。

「明治三年三月十三日、澤俊造（中村の変名）、沢田衛守、そして自分ともども鶴崎に向って出発した。途中で俊造が、『今日こそ良い場所で衛守を殺害するつもりである』とささやいた。自分は今更にこの俊造のことばを聞き、心中はなはだ狼狽して遁走しようと思ったが、それはできなかった。ただ黙って随行していたら、四日市村に近い路傍に、茶店があった。三人ともここで休み、酒を酌み交わした。そして午前十時頃、その店を出た。しばらくすると、眺望がとてもよく、側らに満開の桜が咲いている所に出た。俊造が後ろから声をかけ、ともども路傍に腰を掛け休息した（ここは豊前国宇佐郡熊村のうちで「墓ノ尾」という所だと言う事を後日知った）。そして自分は、喫烟しようと燧石《ひうちいし》を取り出し、これを擦ったが火が出ない。衛守が傍らから、『どれ私が燧《ひうち》をしてみよう』というので、燧石を渡した。衛守が頻りに燧石を擦るのに余念がない時、後ろで物音がするのに驚き、振り返ってみると、俊造が一刀のもとに衛守を斃した。俊造は血刀を提げて自分にむかって『狼狽するなかれ』といった。自分は、一言も発することができなかった。俊造は衛守の帯刀を奪い取って、自分に与えた」（「村尾口述」）。

中村と山本の供述には、いくつかずれがある。中村は殺害日時を「三月中旬」と曖昧な供述をしていたが、山本は殺害日時を「三月十三日」といっている。さらに午前一〇頃、茶店を出た後の犯行だと、時間も具体的に述べている。殺害現場も、中村は茶店から「二～三町ばかり」の所とだけいう。しかし山本は、後で知ったとしながらも、宇佐郡熊村（現宇佐市安心院町）の「墓ノ尾」だと、地名もはっきり述べている。さらに中村は、村尾に殺害を急かされたようにいうが、山本は逆に中村のその日の「殺害の決意」を聞いて驚いている。殺害の模様についても、中村は何度も斬りつけ止めを刺したというが、山本は一刀のもとに斬り伏せたという。ただし、山本が殺害された沢田の佩刀を奪ったことは事実のようで（自ら奪ったか、中村が奪い山本に与えたかは不明）、これがのちに問題となる。

沢田衛守とは何者か

ところで、殺害された沢田衛守とはいかなる人物か。沢田は、高知藩の密偵である。当時は、高知脱藩士で反政府攘夷派の堀内誠之進や岡崎恭助など、高田源兵や古松簡二ら九州の攘夷派と共謀して、政府転覆を企図した連中を追っていた。

沢田は、土佐郡布師田《ぬのしだ》村（現高知市）の神主で、嘉永元年（一八四八）生まれ。明治二年神道修行のため上京したが、洋行を志して一旦帰郷することになった。その帰途、京都の土佐藩邸に立ち寄ったが、これが沢田の人生を狂わせることになった。藩邸で沢田は、堀内誠之進らが大村益次郎襲撃事件で指名手配となっていることを知った。沢田には何か心当たりがあったらしい。沢田は堀内の弟了之輔が、「必ず九州にいる」と土佐藩副公用人の淡中新作に語った。そこで高知藩は急遽、藩命で沢田に探偵御用を命じ、表向きは私用として九州に潜入させた。

明治三年二月末、沢田は豊後森藩からの紹介状を携えて、吉井小太郎の変名で鶴崎の毛利空桑を訪ねた。同じ頃、鶴崎を訪れた岡崎恭助は、鶴崎をすでに後にしていた。また、堀内誠之進は、まだ鶴崎に到着していなかった。これが、沢田に災いした。鶴崎で沢田が、岡崎か堀内に会っていれば、沢田は殺害されずに済んだ可能性がある（岡崎と堀内は、高田源兵の同志）。

三月の上旬、沢田をすっかり同志と思い込んだ毛利空桑は、一夜酒を酌み交わしながら、沢田に「有終館の内情」を吐露してしまった。一夜明けると、沢田の姿は鶴崎からすでに消えていた。

これに狼狽した空桑は、一部始終を高田源兵に打ち明け、善後策を相談した（遠矢）。

「有終館の内情」とは

毛利空桑が沢田衛守に語った「有終館の内情」とは何か。何故、空桑はそれほど狼狽したのか。これについて、古荘嘉門は次のように語っている。「土州のひと沢田衛守という者が、毛利到方に来訪したとき、到（空桑）は一途に衛守を同志と誤認し、大楽源太郎らの潜伏の事情、ならびに有終館において計画する所の「密事」をことごとく打ち明けた由」と（「古荘口述」）。

すなわち「有終館の内情」とは、ひとつは、有終館が大楽源太郎ら脱隊騒動の脱徒を潜匿していることである。古荘は、「衛守が鶴崎に来た頃、大楽源太郎はすでに鶴崎に来て潜伏していた」とも語っている。衛守が鶴崎から姿を消したとき、高田は「衛守は必ず日田県に行くに違いない」といって、これを恐れた。日田県に衛守が行けば、有終館に大楽がいる確証が政府に伝えられることになる。これは、断じて阻止しなければならない。

「内情」のふたつめは、有終館の「計画」である。この「計画」についても、古荘は次のように明言している。「この計画とは、長州の奇兵隊（ほか諸隊）が破れたとしても、彼ら脱徒を救助して、のちに共に事（政府転覆）をあげんと欲するの陰謀をいう」と。大楽潜匿にしても、政府転覆の企てにしても、これが明らかになれば、有終館がつぶされることは必定である。有終館としては、何としてもこの「内情」が漏れないようにしなければならない。それには、「沢田を暗殺する以外にない」ということになる。

高田源兵の「手帳」

沢田が毛利空桑から「有終館の内情」を聞いて姿を消したことは、確かに不審な行動で密偵だと疑われても仕方がない。沢田は政府の密偵と断定されて、のちに殺害されるが、沢田が政府の密偵という確信が、高田源兵たちにはどこまであったのか。

沢田の件を高田は、空桑の居宅で明かされたらしい。高田は空桑宅から有終館に帰ると、次のように語った。「到（空桑）が有終館の内情について沢田に語ってしまった。沢田衛守は、節義なき奸物であって、同志ではない。今迂闊に右のような『隠し事』をことごとく語り明かした上は、後日如何なる禍害を引き出さんとも計り難い。ことに有終館に対し、大害を生じさせるような者は、このままに捨て置くことは出来ない。速やかに沢田を除かねばならない（殺害しなければならない）」と。その場に古荘嘉門も居合わせた。古荘は高田にむかって、「沢田は果たして、本当に奸物なのか？証拠はあるのか？」と訪ねた。至極あたりまえの疑問であり、問いである。すると高田は、手帳を取り出し、古荘ほか居合わせた有終館の幹部にそれを提示してみせた。そして高田は、「かくのごとき次第であるから、速やかに除かねばならない」と、再び殺害すべしと主張した。

古荘はいう。「そもそも源兵は、平素から人との交際に深く注意を払う性格の人物であった。自分が交わった人物の持論や所行にいたるまで、逐一これを探り、手帳に認めていた」と。すなわち、高田源兵はどこかで沢田に会ったことがあり、この人物の「持論や所行」を記録しており、それに基づいて「奸物」だと断定したというのである。これは事実だろうか。高田と沢田に面識があるとすれば、そして高田の「手帳」に沢田の行状がメモされていたとするなら、それは奇蹟に近い出来事のように思われる。いずれにしろ高田の「手帳」は、沢田の運命を左右した。沢田にとってそれは、まさに「閻魔帳」だったといえる。因みに、このことを古荘が口述したのは明治一一年のことであるが、古荘は高田の「手帳」に沢田の所行について、「何と認めありしか記憶せず」と述べている。

高田は、さらに発言を続けた。「沢田衛守は別府に行ったようであるから、澤俊造（中村六蔵）にすべてを託し、澤を別府に遣り、別府にいる矢田宏と山本與一と共謀させて事を行わせれば、仕損ずることはないと思うが、君らに意見があるか」と。居合わせた面々は、高田の語気から、すでにこれは決定済みだと理解して、異論はなかったという。古荘は、すでに空桑宅で大楽源太郎も交えて、沢田殺害は決定していたと推測している（「古荘口述」）。このとき、大楽はすでに鶴崎に潜入しており、沢田殺害計画に大楽も加わっていた可能性もある。いずれにしても、このようなやり取りを経て、沢田衛守殺害が実行に移されたのである。

中村が別府に向かう

その後、中村六蔵は高田源兵に呼ばれた。この時、有終館では演習が行われていたため、無人だった。館中にいたのは、高田と古荘のふたりだけだった。すぐに高田は中村に向かい、「高知の人、沢田衛守という者が、四～五日前に鶴崎に来た。彼は奸物である。当初、森藩の紹介状を持参し、毛利到宅に来て面会した。到はすっかり衛守を同志と誤認し、迂闊にも有終館の内情を吐露したようだ。衛守は既に森藩に向かって出発した。必ず日田県にも行くに違いない。衛守がわが内情を誰かに言い触らすようなことがあるかもしれない。このままに捨て置けば、一大事を生ずるであろう。ついては足下、急いで別府に行き、敷島次郎（矢田宏の変名）と謀り、衛守を呼び戻したあと、害を除くの策を施すべし」と命じた。

中村は、高田らに殺意があることをとっさに感じた。しかし、殺害命令を拒否することは出来なかった。その理由を中村は、「当時は侠気を尊び、因循を卑しむ風があった。また自分が遅疑して（ぐずぐずして決断しない）、源兵に軽侮されることを恥じた。さらに自分は、源兵を師の如く、父の如く尊崇していたので、今こそこの命令に従うときである」と思い決意したという。高田は、カリスマ性を持った人物だった。同時に高田は、自分が周囲からどのようにみられているかも知っていた。高田が沢田殺害の実行犯に中村を選んだのも、中村が自分に心酔し、命令を拒否しないと確信していたからだと思われる。

明治三年二月二八日、中村は高田の指示通り、別府濱脇村（現別府市）の小池屋を訪ねた。小池屋には矢田が止宿していた。中村は矢田に面会すると、これまでの経緯を説明した。矢田もまた、高田に心酔する者であったから、異論なくこれを承諾した。そして矢田は、「沢田は岡崎恭助に会いたいという話をしていた。岡崎に会えるぞという話で誘えば、別府に呼び戻すことができるだろう」という。そもそも高田が、別府の矢田、山本と謀るように指示したのは、中村が沢田と面識が無かったからである。いっぽう、矢田と山本は沢田を知っていたらしい。高田はそのことを知っていて、巧みに人を動かした戦術家でもある。

矢田はすぐに、近くにいる山本を呼び寄せた。そして、岡崎と面会できると書いた書簡を認め、山本に渡した。山本は沢田を追って直ちに森藩に向かって出発した。二日後、山本は沢田を伴って、別府の妓楼《ぎろう》糸屋に帰って来た。

中村が有終館に帰還

殺害命令を拒否できなかった中村だったが、大いなる迷いがあった。沢田が糸屋に到着した報を得ると、中村は急ぎ別府から鶴崎の有終館に戻った。有終館に入ると、高田は風邪でも引いたのか、布団をかぶって寝ていた。古荘はその傍らにいて、読書をしてるようにみえた。中村はふたりに向かって、「命令の通り、沢田を別府まで呼び戻しました。この後は、どのようにしましょうか」と尋ねた。すると高田と古荘はともに、「早くやってしまわねばならぬ」と強い口調でいう。中村はふたりの語気と眼色から、「ここ迄聞きに来る必要はないではないか。なぜ早く殺害しないのか」という意味だと理解した（「中村口述」）。

この時のやり取りについて、古荘はのちに次のようにいっている。「六蔵は有終館を出てから一両日中に有終館の詰め所に帰ってきた。高田は病気で布団をかぶって寝ていた。自分は帳面を調べていた。中村は、『沢田を別府まで誘い出した。直ぐに手を下すべきか、しばらく様子をみてこれを除くべきか』と問うた。すると高田は、『それは早くやってしまえ』と激音にて命令した。自分も源兵に続けて、『それははやくやるべきである』と申しきかせた」と（「古荘口述」）。高田は中村の言を、不毛な問いだとして激怒した。

その後高田は、「矢田も素より貧生であって、沢田呼び戻しには、多少の出費もあったであろう」といいつつ、一五円を支給した。中村は高田から切手のようなものを貰い、鶴崎御茶屋の会計局で現金を受け取ったという(「中村口述」)。このように高田の権限で、有終館から公金が支出されていたことも分かる。

殺害を逡巡する中村

中村は再び別府に引き返すと、有終館での経緯を矢田に話した。すると矢田は、「それでは速やかにやらねばなるまい。しかしここで殺害すれば、宿屋の迷惑はいうに及ばず、すぐに事が露顕してしまう。いずれにしても他に連れ出し、途中でやるべし」という。

殺害計画が進むにつれて、中村にはさらに迷いが生じた。そもそも中村は、沢田という人物を全く知らない。従って、もとより私怨などない。ただ高田の命令に、勢い拒否できなかっただけである。いま沢田に対して、残酷な処置を行うのは、如何にも不憫であるし、手を下すのは忍びないと思った。その様子を察してか、矢田は「迷っていてこの機会を失えば、更に後悔することになるに違いない。岡崎恭助に面会させると欺いて誘い出し、途中でやるべし」と念を押すようにいう。

それでも、中村は逡巡した。考えてみると、沢田を岡崎に実際に会わせて、沢田が本当に奸物かどうか明らかにしてからでも、殺害を決行するのは遅くないのではないか。矢田と協議の結果、矢田から岡崎が豊津にいること沢田に告げ、沢田に山本を同伴させて豊津に向かわせる。いっぽう中村は、一足先に別府を出て豊津に行くことにした。豊津に着いた中村は、知人川合（河井）小藤太（豊津藩の反政府士族、豊津藩攘夷派の領袖）を訪ね、岡崎の所在を確認したところ、河浦（不詳）とかいうところで船待ちをしているという。次いで中村はそこへ行き、岡崎が止宿していた旅店で尋ねると、岡崎はすでに大阪に向かったという。仕方なく、その夜は川合宅で一泊した。沢田と岡崎の接見は、結局実現しなかった。

翌日、中村は豊津を出て、山本と沢田がやって来るはずの方向に向かった。数里歩いたところで、彼らは出会った。中村は山本に会釈して、同行しているのは誰かとわざと尋ねた。山本は、「岡崎恭助に会うために、豊津に行く人である」と白々しく答える。中村は、「岡崎なら、すでに鶴崎に向かったらしい」と嘘をいう。山本は、「それなら引き返して鶴崎に行き、面会すれば良い」という。中村は「私も岡崎に会おうと思う。同行しよう」と重ねていう。

こうして三人は連れだって歩きはじめた。中村は迷いながらも機会をうかがいつつ歩いた。そして実行できないまま、宇佐宮門前の四日市駅まで来て、三人はここで一泊した。夜、山本が中村に「明日やらなければ、すでに鶴崎に迫る。必ずやるべし。高田の人となりをみれば、外目は寛容にみえるが、内心は激しいものがある。もし失敗すれば、高田が我々を厳しく処分するに違いない」といい、プレッシャーをかけてくる。高田源兵の影が、頭をよぎる。ここにおいて中村は、「明日は必ず敢行する」と決心するに至る。その後の顛末は、本章の冒頭に挙げたとおりである。

沢田衛守の佩刀

事件翌日、すなわち三月一四日、中村はひとり糸屋を出て鶴崎に向かった。鶴崎に着くと直ちに有終館に出頭し、高田に面会した。傍らには、古荘もいた。沢田殺害の顛末を詳述すると、高田は「好き都合で事が済んだ。大いに御苦労であった。今後この事がほかに漏れないように、言行を慎むべし」といった。いっぽう古荘は、「それは大いに都合の良いことであった」といっただけであった。

四～五日して、矢田と山本が鶴崎の旅宿に来た。中村は早速ふたりに面会した。高田もまもなく姿を見せ、沢田殺害について三人を慰労した。高田は金二～三円を取り出し中村に渡しつつ、「いっしょに鰻でも食べるがよい」といった。中村は、矢田が既に高田の「探偵」として動いており、山本も他国出身者だが「有終館の同志」であることは分かっていた。中村と矢田、中村と山本は、沢田殺害事件で初めて出会ったのだが、高田はすでに手下となっている矢田と山本を中村と組ませ、事件を計画したのである。そして、目的は達成された。

その後のある日、中村が高田に面会した時、ふと「山本が沢田の佩刀を帯している」ことを告げた。すると高田の顔色がにわかに曇った。そして、「それは何と未熟な仕業ではないか。なぜ汝はそれを止めなかったのか」と強い語気でいった。つまり殺害事件の証拠となるような物を、なぜ持ち帰らせたのか叱責したのである。

早速、中村は山本の元へ行き、この事を知らせた。ついで高田は、山本から沢田の刀を取り上げ、その代わりに高田は朱鞘の一刀を貸し与えた。そして沢田の遺刀は、刀身を磨き拵《こしらえ》を変更した後、山本に返された（「中村口述」）。本章はじめの村尾（山本）の供述では、この刀は中村が奪い取って山本に与えたことになっている。しかし中村の供述では、「與一は衛守の刀を取ってこれを帯し、與一が刀はその場に棄て置き」（「中村口述」）となっている。ふたりの供述は食い違っている。ただ、山本の供述はあちこちに自分の都合の良い供述を行っている嫌いが感じられる。

ちなみにこの沢田から奪った佩刀は、山本がその後一時滞在した豊前中津（現大分県中津市）を出て大阪に向かう直前、中津の研ぎ師の仲介で売却した（「村尾口述」）。

「反政府活動家」矢田宏

前後するが、ここで矢田宏と山本與一について述べておきたい。実はこのふたり、慶応三年から四年にかけて、天草の富岡陣屋、それに宇佐の御許山で起きた、花山院隊「偽官軍」事件の生き残りである。花山院隊「偽官軍」事件については、すでに第二章でも触れている。「偽官軍事件」としては、赤報隊事件より前に起きた、最初の事件である。

矢田宏は、別府の医師矢田淳の子である。日田の咸宜園《かんぎえん》（広瀬淡窓の私塾）で学び、のち毛利空桑の門人となる。若い頃から尊王攘夷運動に身を投じたが、日田郡代の追及によって、一時長州に逃れる。その後下関を中心とした、花山院隊の中心メンバーとなる。慶応三年一二月の天草の富岡陣屋襲撃の前には、直江精一郎（清水誠二）の仲介で鹿児島藩まで行き、同藩から軍資金を得ている。第一次富岡陣屋襲撃の実行犯のひとりである。事件後、富岡陣屋から奪った公金を、下関に持ち帰った。その後、花山院隊では、花山院家理《いえさと》を九州に向かい入れる工作を行った。しかし、花山院隊本隊は、花山院を迎えること無く四日市陣屋を襲撃する。この事件後、長州藩は、周防の室積に滞在していた花山院家理を拘束する（慶応四年一月二〇日）が、このとき付き従っていた矢田も逮捕される。矢田はしばらく長州藩内の獄に繋がれたが、同年五月頃、釈放される。

明治三年三月の沢田衛守殺害事件後、別府糸屋の芸妓兼松（沢田衛守の愛妓という）の証言（兼松は沢田殺害事件後、山本が沢田の刀を帯びているのを目撃し、その後事件の顛末を知ったという）から、実行犯が矢田と山本ということになる。矢田は危険を感じたのか、上方（京、大坂）方面へ逃亡したという。しかし、同年六月別府に舞い戻った所を捕縛される。その後、日田県別府支庁の獄に繋がれた。大分県下で大楽騒動が続いていた明治三年九月頃、山口藩脱徒と地元速見郡の草莽らが組んだ一団には、別府の牢にいる矢田宏を救出する計画があった。その九月頃、矢田は別府から日田の牢に移されたという。明治六年、依然として日田の牢にいた矢田は、久留米藩難事件で日田の牢に入れられていた、久留米の寺崎三矢吉や川島澄之助らと出会う。そしてふたりに、沢田衛守殺害事件について、中村が実行犯である事実を語っている。

明治一〇年（一八七七）の西南戦争で矢田は、増田宋太郎率いる中津隊に加わり、城山まで西郷軍に付き従った。中津隊に入隊したきっかけは、やはり日田の獄中で知りあった、後藤順平（純平）の誘いによるという。後藤は大分郡南庄内村（現由布市庄内町）生まれで、明治三年の庄内谷（現由布市）でおこった一揆の指導者であった。一揆鎮圧後、明治三年に日田の獄に入れられ、明治六年に出獄している。後藤はその後、代言人（現在の弁護士）となって、中津で開業した。そして明治一〇年の西南戦争で、増田宋太郎を隊長とする中津隊に加わる。この時、矢田を説いて中津隊に参加させたのが、この後藤だといわれている。ふたりは日田の獄中で、反政府活動家として気脈を通じていたのであろう。中津隊は、明治一〇年三月三一日に蜂起した。矢田は西南戦争で負傷するも生き延び、捕らえられた後、国事犯として懲役二年に処せられた。矢田の前半生は、徹底した「反政府活動家」として貫かれている。

山本與一（村尾敬助）とは

いっぽう山本與一（與市）は、本名を村尾敬助という。本章のはじめに、この村尾の供述による、沢田殺害現場の模様をすでに紹介した。同じ供述書によると、村尾は芸州広島生まれ。本籍地は「広島県安芸国豊田郡御手洗町」となっている。生年は不詳だが、供述当時の明治一二年（一八七九）九月に「三十三年七ヶ月」とある（単純に計算すれば弘化四年（一八四七）頃の生まれか）。三〜四歳の頃、実父山崎平蔵に連れられ、母ともども下関に移った。その後父が死去し、兄平吉が家を継ぎ、その時與一は別居し姓を改め山本與一と称した。慶応二年中に、長府藩の報国隊に入ったという（この時、二十歳前後）。その後、報国隊の解隊（報国隊の解隊は明治二年から三年の本藩の脱隊騒動前後）にともない、隊を離れたという。明治二年一一月頃、知り合いの勧めで、有終館に入るために鶴崎に来たという。供述では、慶応三年から明治二年まで、下関にいたらしいのだが、報国隊にいた事以外、何も語っていない。山本はこの間に、花山院隊のメンバーとして、御許山騒動に加わっているはずだが、全く触れていない。花山院隊事件のことは、秘匿していたものと思われる。

『山口県史史料編幕末維新6』に「九州脱走張本者斬奸状等の事」という史料がある。御許山騒動勃発（慶応四年一月一四日）直前に逮捕され、一月二〇日に斬首された、報国隊員で花山院隊幹部藤林六郎と小川潜蔵の処刑理由書（「斬奸状」）と、報国隊脱走者七名の指名手配書である。そのうちのひとりに「松尾経之助」という名前があるが、筆者はこれが村尾敬助であると推測している。ほかの六人は、児島菊之助（本名木付義路）、田村小次郎（本名北川重四郎）、尋原荘蔵（桑原範蔵）、金周平（荒金周平）、佐田内記兵衛（佐田秀）、若月隼太（若月隼人）で、いずれも花山院隊の重要人物（いずれも報国隊所属）で、児島（木付）と田村（北川）は、矢田と共に花山院家理の側近で、室積で捕縛された。佐田、若月のふたりは、御許山騒動鎮圧前の長州藩側との会見で若月は自刃し、佐田は斬殺された。桑原と荒金は御許山で戦死している。村尾は御許山騒動に加わったが、敗走後、落ち延び各所に潜伏したものと思われる。

その後、先にも述べたように、明治二年一一月に下関から鶴崎へやってきて、明治三年三月の沢田殺害事件に関与することになる。事件後二～三日して、矢田と山本は報告のため、有終館へ行き高田や中村に面会した。高田からは慰労金として、矢田と山本ふたりにあわせて一五円が与えられたという。この時高田は、「有終館は不日（近い内に）閉鎖されることになるだろう。足下も有終館入館は断念して、下関に帰るが良かろう」といった（「村尾口述」）。有終館の廃止は明治三年七月であるが、すでに三月頃には本藩による廃止の方針が、鶴崎にも聞こえつつあったものと思われる。

その後山本は、七月頃迄別府の矢田の親戚のもとに潜伏した。七月の盆過ぎになって、豊前の中津へ行っている。そして一一月頃には、大阪から兵庫へ移っている。兵庫では数年間、船の蒸気機関製造場で働いて技術を習得した。明治七年には広島の郷里へ帰り、妹の夫の籍に入り、氏名を村尾敬助と正式に改め、大工職に勤しんだ。大工として各地に出稼ぎにも出たが、明治一一年四月二一日、伊予国新居郡氷見村（現愛媛県西条市氷見）で捕縛された（「村尾口述」）。

中村六蔵が語った「事情」

沢田殺害事件から約一〇年後の明治一二年に、中村六蔵は当時を振り返りながら事件について語っている。いや正確にいえば、取り調べに応じて供述している。そこで中村は、高田の命令に従った「事情」を次のように語った。

「当時、有終館において、高田の上に立つ者が幾人かいたのか。自分はそれを知らない。当時自分は、その隊中の「一兵士」に過ぎず、指揮官としてはただ源兵を知るだけであった。表面的に論じても、進退、黜陟《ちゅつちょく》（人材の評価や登用）をはじめ、何事によらず源兵の指揮に従わざるを得ない。また自分の心情（内面）においても、源兵は師父の如く尊崇していた。且つ源兵は、天下のために尽くす人であると信じ、既に一身を彼に委ね、彼の後ろに従って志を遂げようと思っていた。だから、威力を以て頤使《いし》（あごで使う）されようともこれを拒むことは出来ず、情義をもって指役（使役）されようとも、またこれを辞することができなかった。苟《いやしく》も源兵が命ずる事に背くことができないのは、当時の有終館の雰囲気からもできない事であった」（「中村口述」）と。

また、沢田を殺害したが、あくまでも私怨ではないと述べ、有終館はひとつの軍隊であり、指揮官の命令には従わざるを得なかったというようなことも述べている。こうして中村は、高田と有終館に心をも支配されていた。これは、軍隊の掟を髣髴させると同時に、カリスマを戴いたテロリスト集団にも似た「事情」もまた想起させる。

ただ、「今日の段々の審問により、更に熟考すれば」と前置きして、「どのような命令があろうとも、人を謀殺して密事の漏洩を防ぐことに条理はない。かつ本藩（熊本藩）の主意に反した有終館の企て、即ち源兵が本藩の名義を狼藉して（踏みにじって）有終館を設立し、その兵を率いて私的な反乱を謀るという術策中にあって、源兵にほしいままに使役され、そして沢田を殺害した事件においても、これは有終館の為に行ったのではなく、源兵のために謀殺したという事を、今日まで自覚しなかった」との反省の辞も述べてはいる（「中村口述」）。そこには、減刑を求める心理も働いているのであろう。しかし、絶対者に心をも支配され、殺人を犯した人間の心模様もみるようである。

沢田衛守殺害事件の裁判と判決

中村六蔵は、西南戦争直後の明治一〇年一一月一六日に長崎で捕縛された。中村には廣澤暗殺の嫌疑もかけられてはいたが、直接の逮捕容疑は、沢田衛守殺害に関するものであった。本書で引用する中村六蔵の口述調書は、廣澤暗殺に関して行われた審問で作成されたものである。廣澤真臣暗殺事件については、第七章で取り上げる。ここでは最後に、沢田衛守殺害事件の結末だけ述べて本章を終わりたい。

中村六蔵は、東京上等裁判所で訊問を受けたとき、故山口迅一郎とともに廣澤邸に押し入り、山口が廣澤を斬殺し自分は共犯としてそれを目撃したと自供した。明治一一年一二月には、司法卿は中村の審理を大審院に指令した。ところが、翌一二年三月三一日の訊問で、中村はさきの自供をひるがえした。廣澤殺害に加わったと自供したのは、「沢田を殺害した強盗殺人犯として処刑されるのは不名誉だと思ったから、あえて廣澤真臣を殺害したと自供し、（国事犯として）虚名を博そうと虚偽の申し立てを行った」と述べたのである。その後、さらに大審院での審理を経て、明治一三年三月二二日の「裁判官合議投票」（一二名の裁判官による合議と投票）で、全員一致で無罪の「票決」がなされた。こうして、廣澤事件については、中村の無罪が確定する。いっぽう、中村の沢田殺害については、別に通常の手続きで裁判が行われた。その結果、明治一三年六月一日、禁獄一〇年の判決が下った。判決文は次の通り。

其方儀、明治三年三月旧熊本藩所管豊後鶴崎有終館ニ於テ、亡高田源兵等当時ノ施政ニ不満ヲ懐キ不軌ヲ希図スルノ際、同志毛利到カ旧高知藩士族沢田衛守ヲ我同志ト誤認シ其内情ヲ吐露シタルニ因リ該事情ノ発露ヲ懼レ、之カ口ヲ滅スル為メ源兵カ指使ニ因テ衛守ヲ殺害シタル科、禁獄十年申付候事（『東京日日新聞』六月三日付）

中村は明治二二年まで服役する（憲法発布による恩赦で出獄）が、逮捕されてから一二年間にわたり獄中生活を送った。

第四章

山口藩脱隊騒動と大楽騒動

「中村口述書第二十条」から

自分が有終館に入館後、二ヶ月ばかり過ぎた頃から、山口藩の奇兵隊が追々脱走して鶴崎に来た。彼らは源兵らに依頼して、鶴崎とその近傍の寺院、あるいは農家等に多人数潜伏している景況は、自分もこれを覚知していた。しかし、かつて大楽源太郎《だいらくげんたろう》等に面会したことは無く、源兵ら有終館の幹部からも自分には、その事情（山口藩諸隊の脱徒の潜匿）を明らかに告げたりしたことはなかった。

「中村口述書」中、「木村弦雄口述」から

長州の奇兵隊は敗北し、脱徒と大楽源太郎らが鶴崎へ輻輳《ふくそう》（方々から集まる）して来た。こうして有終館は、意外の変動に立ち至り、これまでの目途は一事に外れ、如何ともすることができなくなった。その脱徒の取りまとめのため、非常の苦心が生じ、高田源兵は自分に対して次のようにいった。「これまで天下のため、多少尽力してきたが、このような苦しき事は、未曾有である」と。そして長歎息した。

奇兵隊と大楽源太郎

中村六蔵は、明治三年正月下旬に鶴崎に来て、まもなく高田や木村に有終館で会っている。従って、「入館後、二ヶ月ばかり過ぎた頃」とは、明治三年の三月頃になる。明治三年一月、山口藩では奇兵隊ほか諸隊が反乱を起こし、二月一一日には常備軍（山口藩正規軍）によってほぼ鎮圧された。その後、潰走した兵士たち（これを「脱徒」とよぶ）が、続々と九州、四国、中国地方各地に逃れた。彼らは逃走先に潜伏し、諸隊の勢力回復をめざした。いっぽう、軍資金の調達などと称して、強奪まがいの行為を行ったため、各地で治安が悪化した。折しも豊後をはじめ、全国各地で農民たちの不穏な動きもみられ、新政府は極度に警戒した。新政府と山口藩は、脱徒たちの捕縛、取締りを強化しなければならなかった。

この山口藩の脱隊騒動の首謀者と目されたのが、大楽源太郎である。大楽は長州藩士児玉若狭の家臣山県重安の長男として、現在の萩市に生まれた（天保五年（一八三四））。幼少期に周防国台《だい》道村《どうむら》（現防府市）に移り、大楽家を継ぐ。大島郡遠崎（現柳井市）の勤王僧月性《げっしょう》の門弟となり、また豊後国日田の広瀬淡窓《たんそう》の私塾咸宜園《かんぎえん》で学んだ。安政年間に上京し、頼三樹三郎《らいみきさぶろう》や梅田雲浜《うんぴん》ら、多くの尊王攘夷派の志士と交わった。慶応元年（一八六五）、高杉晋作の功山寺挙兵に呼応して忠憤隊を組織し、これに加わった。翌年台道村に私塾西山書屋を開き、子弟の教育にあたった。西山は大楽の号である。大村益次郎暗殺事件に複数の門弟が関わったため、一時幽閉された。脱隊騒動後、大楽は出頭を命じられた。その護送中に逃走し、杵築藩領姫島（現大分県姫島村）を経由して鶴崎に逃げ、有終館などに匿われた。そのおよそ二か月半後、岡藩を経て久留米藩に逃れた。その後、大分県域では大規模な日田県一揆が起こったが、これは大楽ら山口藩の脱徒が誘発したともいわれる（ただし、直接の関わりを示す史料はない）。大楽は、久留米藩では攘夷派に匿われた。しかし、久留米藩は脱徒とその首謀者を匿った罪が藩主に及ぶことを恐れ、その同じ攘夷派よって殺害された（明治四年三月）。

中村は、冒頭の供述書によれば、大楽に面会したことはないという。また、高田らが有終館やその周辺で、大楽らを潜匿していることは知っていたが、その詳細については聞いていなかったと供述している。しかし、「中村六蔵水雲事蹟」には、大楽が有終館に現れたその日に、高田が「今、足下に紹介すべき者あり」と大楽に語りつつ、「木村弦雄、澤春三《ママ》（旧名平井丈（譲）之助、後の中村六蔵也）等を源太郎に会見せしむ」（『国事十』）とある。ここで中村（澤春三、俊造とも）は、有終館内で真っ先に大楽に会ったことになっている。いずれが正しいか、これ以上は分からない。しかし、有終館内での中村の地位や扱われ方（幹部ではないが、詰所に通されるなど一般の隊士扱いではない）からみれば、大楽に面会したと考えた方が自然だと思われる。

当時の新聞報道

山口藩の脱隊騒動について、当時の新聞記事から紹介しよう。

長州動乱の一条

（前略）長防動乱の始末いまだ詳ならずと雖《いえど》も、其大略は奇兵隊なるもの凡《およそ》二千人許《ばかり》、国内口々の要所に関門を設け、折節百姓一揆を催せしに、是にも米銭を与えて其仲間へ引き込み、又は仏法制禁の御布告あるべきなどの流言を以て僧徒を引き入れ、人数追々相増し、粮米も余程取入たるよし、大坂表の書状に見えたり。

○山口藩よりの伺書

去冬、兵制改革一条より、隊卒沸騰、鎮撫相加え候へども、いよいよ我が意申し募り候につき、この上は干戈《かんか》（武器、武力）を以て処置つかまつり候らわんでは、平定の目的相立ち難く、誠に以て恐れ入り奉《たてまつ》り候へども、臨機の取り計らいをつかまつり候ても苦しからず哉。この段伺い奉り候。二月　山口藩知事〔弁官宛〕（後略）

後半の「伺書」は、「昨年冬の兵制改革以来、諸隊兵士が騒ぎたて、鎮撫しようとしても自分たちの考えだけを主張する。このうえは、武力鎮圧しなくては平定できない。臨機の計らいをしても宜しいか」と、山口藩知事が政府に伺いを立てている。

右の記事は、明治三年二月一二日付『中外新聞』のものである。『中外新聞』は、慶応四年から江戸（東京）で発行された、日本で初めての本格的な新聞といわれる。明治三年二月には廃刊となるので、その間際の記事である。また日付が明治三年二月一二日となっているが、実はこの日に奇兵隊ほか諸隊の反乱は、すでに鎮圧されている。

山口藩脱隊騒動とは

幕末の山口藩において、藩内の「俗論派（反勤王倒幕派）」打倒や、第二次長州征討の防衛戦、戊辰戦争の主力として活躍したのは藩の正規軍ではなかった。それは、いわゆる奇兵隊、遊撃隊、整武隊、鋭武隊、振武隊、健武隊など、陪臣（藩士の家臣）や軽卒藩士（足軽など）、それに農民・商人・職人ほかで構成された有志の軍隊であった。また、長府藩の報国隊など、支藩に属する隊もあった。この中で有名なのが、高杉晋作が組織した奇兵隊（「奇兵」とは「正規でない」という意味）

であるが、その他の隊を含め、総称して「諸隊」と呼んだ。

ところが戊辰戦争後、山口に凱旋した諸隊兵士約五〇〇〇人は（奇兵隊などの帰還は明治元年一一月）、たちまち余剰戦闘員となった。非常時の過大な兵力は、山口藩の財政を圧迫した。そこで山口藩は、明治二年（一八六九）一一月、諸隊の整理・解体に着手した。すなわち、約五〇〇〇人のなかから二〇〇〇人ほど（のち常備兵定員は二二五〇人と定めた）を「精選」して常備軍に再編成することにした。そしてこの二〇〇〇人を、さらに政府に御親兵として献兵する請願を行い了承された（ただし政府は、一五〇〇人を献兵し、五〇〇人は藩内におくよう指示）。朝廷直属の軍隊になれば、山口藩の軍事的経費負担は、大幅に軽減される。「精選」は、中央集権化・絶対主義化を志向する新政府内のグループ（特に山口藩出身の木戸孝允・廣澤真臣ら）にとっても、封建的武士団を解体する「廃藩のモデルコース」として期待された。いっぽう、鹿児島藩は廃藩に抵抗し、士族中心の権力を志向していた。そのため、山口藩の諸隊解体は、廃藩への階梯の上で重要な試みでもあった。

しかし、約五〇〇〇人から二〇〇〇人を精選すれば、残り三〇〇〇人は除隊＝解雇である。戊辰戦争の論功行賞も行われないうちに、精選から漏れる隊士たちは当然これに猛反発した。農家の二男、三男は帰郷しても行き場はなく、武士的メンタリティと昇格志向を身につけた彼らに、帰農の意志もなかった。それは、商人や職人の子弟においても同様であった。陪臣の兵士も、版籍奉還にともない主家の禄が一律カットされたため（一〇〇〇石以上は一〇分の一、一〇〇石以上一〇〇〇石未満は一律一〇〇石削減）、除隊後の生活の保障はなかった。要するに、除隊させられる諸隊の兵士たちは、失業するのである。

このような失業の危機に加え、諸隊幹部の不正や乱脈への不満、それに尊王攘夷的体質（被髪脱刀への嫌悪）が重なった。明治二年一二月一日（一二月三〇日とするものもある。以下、いずれも旧暦の日時）、精選に漏れた諸隊兵約二〇〇〇人が、ついに山口を脱走して宮市（現防府市宮市町）に集結し、数十の砲台を築いて関門を占拠するにいたった。

明治三年一月、脱隊した諸隊士たちは、浜田裁判所を襲撃。また、山口藩議事館を包囲した。付近の農民一揆もこれに合流し、議事館は一時一八〇〇人で包囲される事態となった。いっぽう木戸は、自ら反乱を鎮圧すべく、一二月二八日に山口に帰った。そして木戸は、山口藩の常備軍、支藩軍（長府・徳山・清末・岩国）、大阪兵学寮兵などを率い、二月九日から一〇日に各所で脱隊兵を撃破、二月一一日山口に入り翌一二日までに脱隊騒動をほぼ鎮圧した。騒動鎮圧後、脱隊騒動に参加した重立った者たちに対し、苛酷な処刑が行われた。処刑はその後も、各所に潜伏していた脱隊兵が逮捕されるごとに繰り返された。

脱隊騒動には、尊攘派士族の反乱（いわゆる士族反乱）的要素と生活保障を求める農民一揆的な要素とが混在していた。筆者は脱隊騒動を、のちに続発する士族反乱の嚆矢と考えている。「被髪脱刀」や開国に転換し攘夷を実行しない政府への不満や、薩摩や長州といった一部の要路者による権力支配を批判する共通の意識をそこにみるからである。騒動中には農民一揆も誘発され、これと協同する動きもみられたが、脱隊勢力は農民を味方につけることはできなかった。この事件はその後、山口県民意識の亀裂を長い間引きずることにもなった。

脱隊騒動と鹿児島藩の動向

ここで少し、脱隊騒動をめぐる鹿児島藩の動向をみておきたい。脱隊騒動は、実は山口、鹿児島両藩に確執が存在する状況で起きていた。確執とは、廃藩をめぐる両藩の路線対立によるものである。先にも触れたように、山口藩は武士団を解体して廃藩を行う「モデルコース」を歩いていた。それに対し鹿児島藩は、廃藩には否定的で、武士団を温存しようとしていた。

脱隊騒動が起きたあとの明治三年二月頃、大久保利通は鹿児島にいた。それは、山口の毛利敬親、鹿児島の島津久光のふたりの「老公」を中央に担ぎ出すため、帰藩していたのであった。大久保は、「昨年来両藩確執ノ論」を克服しようと、自ら鹿児島藩の兵を率い、木戸と山口藩を救援しようとした。ところが西郷牛耳る鹿児島藩庁は、即時の出兵を拒否した。すなわち、まずは西郷が山口へ向かい、状況を視察したうえで善後策を立てると議決したのである。大久保の目論見は、西郷と鹿児島藩によって阻止された。そして実際に二月九日、西郷、村田新八、桐野利秋、大山巌らを乗せた船が下関に到着した。この二月九日は、木戸率いる山口藩常備軍と脱隊兵の最後の決戦が行われていた日である。

西郷らは、山口藩兵と脱隊兵の調停を画策していた。しかも、どちらかといえば脱隊兵側に同情的で、彼らに優利な調停が行われる可能性があった。いっぽう木戸の方も、西郷らの意図を見抜いていた。そのため木戸は、西郷らが下関に来たという知らせを聞いて、まず「周旋之策あらんことを恐れ」たという。結果として、木戸と山口藩兵は脱隊兵を撃破し、騒動を鎮圧して山口を奪回した。そして西郷と鹿児島藩による、脱隊騒動への介入（「周旋」）を阻止することに成功した。西郷らは間もなく下関を去り、山口藩では旧来の武士団が解体され、廃藩へ向かう障害が除去された。

このような鹿児島藩の意図と態度は、在京の鹿児島藩出身者にも共有されていた。脱隊騒動鎮圧後、政府は大納言徳大寺実則《さねつね》を宣撫使として山口に派遣しようとした。その時、「鹿児島藩東京詰」の面々は、「何分兵隊（脱隊兵をさす）にも条理これあり、功績のある兵隊であるから、山口藩庁と兵隊との曲直を糺すべきである」と主張したという。彼らは戊辰戦争をともに戦った諸隊兵に、同情的であった（石井）。

ところで西郷が、この山口藩庁と諸隊との調停を試み、両者の「曲直を糺《ただ》」そうとしたことは、後述するように高田源兵の行動に似ている。高田も間に立って、両者を「互角の勢」に保つ画策をした。高田もまた、諸隊兵とともに戦った経験があり、彼らに同情的であった。

大楽源太郎と毛利空桑

大楽源太郎と毛利空桑の交流は、桜田門外の変（安政七年（一八六〇））以降、倒幕運動が活発化する中で濃密になっていく。毛利空桑は、熊本藩や久留米藩・土佐藩、豊後国では府内藩や佐伯藩・岡藩など、尊王攘夷派の藩士たちとの交流を深めていく。諸藩の尊攘派が、毛利空桑に接近したともいえる。そして長州藩との関係は、特に大楽を通じて深まる。

文久三年（一八六三）の「八月十八日の政変」で、尊王攘夷の急先鋒であった山口（長州）藩は、御所と京都から排除される。翌年には、第一次長州征討が発動され、山口藩は幕府軍と対峙することになる。こうした事態の中で、毛利は一貫して山口藩の大義を擁護し、山口藩の志士たちとの交流を行っている。山口藩側もまた、毛利やその協力者である後藤碩田（鶴崎に隣接する幕府領乙津村の志士、歴史家）を信頼していた。

大楽は、秋元保太郎、土屋元吉など、複数の門弟を毛利の家塾知来館に入門させた。もちろんそれは、儒学ほか毛利の尊王思想を修得することが目的であったことはいうまでもない。しかし同時に、三佐や鶴崎、それに乙津など、九州諸藩や幕府の大小の港が密集し、人が行き交う場所での情報収集も目的であった。特に当時、佐幕側にいた熊本藩からは、山口藩に対する幕府の動きも察知できる可能性が大きかった。いっぽう、乙津港を管轄するのは幕府の高松陣屋（現大分市）であった。

大楽以外にも、小国融蔵（儒学者、萩にあった郷校育英館の学頭）も、門弟の浅利与十郎を毛利の元へ送っている。彼もまた、周囲の情報を探知し、山口藩に伝える任務を負っていたという。山口藩は、毛利を三田尻（現防府市）にある招賢閣（三条實美を迎え入れ、多くの志士が参集した）に招聘しようとした。毛利もこれに同意したというが、熊本藩がこれを許さなかった。

なお、毛利と大楽の書簡の往復は、鶴崎港よりも監視が緩かった幕府領の乙津港を経由して行われた（外様大名の港鶴崎は、監視の目が厳しかった）。山口側の船頭文吉、大分側の船頭助四郎に、後藤碩田の手を通じて文書が渡されたという。文吉は山口と大分の間を、商いのため陶磁器などを積んで定期的に往復していた。

奇兵隊士の有終館来訪

山口藩で諸隊の不満が高まり、暴発寸前（脱隊直前）の明治二年一一月下旬、奇兵隊の隊士が鶴崎の有終館を訪れ高田源兵に面会している。有終館を訪れた奇兵隊の隊士というのは、津守幹太郎・大野省三・桑山誠一郎の三人である。三人は、大村益次郎暗殺の経緯と理由について話しはじめた。その後、諸隊沸騰の理由を「被髪脱刀」の強制であることを述べた。「被髪」とは、ざんばら髪のことである。要するに髷《まげ》を切り落とさせ、刀を奪い取ることに対し、諸隊が憤激しているというのである。彼らによれば、この「被髪脱刀」は薩摩からはじまり長州へおよび、さらに「防長一藩」で済むものではないだろうという。武士の特権を奪う事への反発である。様々な身分から構成された奇兵隊であったが、彼らは武士としての特権、地位にこだわった。また「被髪脱刀」とともに、尊王攘夷についても、「常備軍」（山口藩正規軍）と諸隊の間で意見が対立している。このようになっているのは、諸隊側に「総轄の任に当たる者」がいないからである、という。そこで、高田を「山口に誘い参り、奇兵隊の世話いたし貰いたい」というのである。要するに、「源兵を奇兵隊の長に押し立てたい」ので、山口に来てくれという勧誘であった。高田は話を聞いた後、それは「もとより承知いたし候様もない（引き受ける理由がない）」といって、説得してこれを拒否した（『国事十』）。高田が明治四年に捕らわれ、東京で取り調べられた際の「高田源兵糺問口書」（国立公文書館所蔵）には、「（三人は）それとは言葉には出さなかったけれども、私を山口に連れ参り、奇兵隊の取締り（指揮官）をして貰いたいと、誘われた」と述べている。

ところで何故、高田は奇兵隊の「取締り」として、勧誘されたのか。元治元年（一八六四）一二月、山口（長州）藩では高杉晋作ら「正義派」が、「俗論派」を打倒するために下関で挙兵した。奇兵隊ほか諸隊もこれに加わり、翌年、「正義派」が、反権力を掌握して、クーデタは成功した。この戦いには、当時山口にいた高田も加わり奮闘する。古荘嘉門は、奇兵隊が高田を頼るのは、「川上《ママ》（河上彦斎＝高田）は、かつて熊本を脱して長州山口に入り、奇兵隊の長たりし事あればなり」とその自筆履歴草案の中で述べている（『国事十』）。ただ、実際には「奇兵隊の長」ではなく、「諸有志と一隊を組織して」その「実質的な隊長」として戦ったようである。しかし高田の指揮官としての能力は、奇兵隊ほか諸隊にも知られ、信頼を得ていたものと思われる。

しかし奇兵隊士が有終館に来たのは、ほかにも理由がある。古荘は、「兼ねて奇兵隊とは謀略を相通じ、挙兵の約束もこれあるにつき」と、はっきり述べている。さらに有終館に現れた奇兵隊士三人のうち、「津守閑《ママ》太郎」は、「毛利到（空桑）の塾生で、山口の人」（「古荘口述」）とも述べている。奇兵隊と有終館は、兼ねてからともに起つ「謀略」を練っていた。しかも有終館に来た奇兵隊士の津守は、毛利の門弟であった。ただ高田が勧誘を断ったのは、高田の計画に狂いが生ずるからであった。高田の構想は、あくまで大藩である熊本藩の軍事力を発動することを念頭においていた。有終館の兵士たちが、山口に赴いて奇兵隊ほか諸隊とともに戦うという話ではないのである。

同じ頃、大楽から毛利へ書簡が届いている。冒頭、「晩秋念九（二九日。大村襲撃事件が起きた後の九月二九と思われる）厳しい処分を蒙り、諸生の教授を禁じられ、山口の近村（大楽は大内長野村（現山口市）の中川家に幽閉された）に謫居《たっきょ》（流し者の生活）を申し付けられ、瓦全《がぜん》まかり在り候（何もせず生きながらえております）」とある。明治二年九月四日、京都で兵部大輔大村益次郎が襲撃され、一一月に死去した。大村を襲った八名の刺客のうち、神代直人《こうじろなおと》と団伸二郎が大楽の門弟であった。そのため大楽は、この事件に関与したと疑われ幽閉された。大楽は身動きが取れないため、山口藩内の内訌を九州各地の同志に報せるために門弟を送った。大楽は、「国内（藩内）の風景（状況）は泣血に堪えざるの至り」とその危機的状況を訴え、毛利にも援助を求めた。

ところでこの書簡は、『国事十』に収められている。この書簡の次に大楽が幽閉された経緯に関連し、熊本藩が得た情報「杵築人某鶴崎に来りての談話一節」が掲載されている。それによれば、「（大村襲撃犯のうち）長州人ひとりが姫島に潜伏していたところ、大村を斬った長州人は大楽の門弟だという。そのため大村襲撃事件は大楽が、内々尻押ししたのだろうから、恐らく大楽は重い罪を蒙るだろうと噂された。これを聞いた先の長州人は直ちに帰国し、藩庁に出頭し『大楽は決して大村一件には関係していない』と訴えた。さらに大村の罪状を数ヶ条枚挙し、激論したという。この件で藩政府は、右の者を公然と殺さずに、姓名を変えて（別人に仕立てて）殺害した。この事はまた、当節、諸隊憤激の理由となった」という。

この長州人とは、大村襲撃犯の一人、神代直人である。神代は、大楽の門弟である。これまで神代は、「姫島から山口に帰着した際、役人にみつかり、その場で切腹したが失敗。死亡する恐れがあるので斬首した」といわれてきた。それは、山口藩から新政府への報告に基づくものであった。しかしさきの『国事十』の記事では、神代は藩庁で、大楽がこの事件に関係ないことや大村の罪状などを訴えたとある。この事件の真相は、本来は神代の身柄を京都へ送致すべきであったが、山口藩内で処刑してしまった。そこで、それを取り繕うため「切腹のストーリー」を作って政府に報告したことが、近年明らかになった。山口で神代を斬首したのは、京都の攘夷派を勢いづかせることを恐れたためという。神代は一〇月一〇日に捕縛されて収監、裁かれたうえ、一〇月二〇日に斬首をいい渡されている（伊藤）。

大楽は大村襲撃事件に関与したとして幽閉され、その後さらに脱隊騒動の首謀者とされた。山口藩にとって大楽は、諸事件の「首魁」として「許されざる者」であった。

重ねて毛利空桑に窮状を訴える

明治三年二月になると、諸隊とそれを鎮圧する山口藩常備軍の衝突は避けられなくなった。大楽は諸生数名を鶴崎に派して、毛利空桑に窮状を訴える。

諸隊と常備軍の衝突直前と思われる書簡には、「弊藩の内訌は、諸隊の長官の措置の失当から起こりましたが、最早回復（解決）は難しい。三千人の兵士は、今や釜鑊《ふかく》（罪人を釜ゆでにする道具）の中にあるようなものです。皇国の大乱が、まさか先ず弊藩から始まろうとは、誠に悲泣号哭の至りです」という。注目すべきは、この書簡の中で「四国十三藩の会議所へも参るべき志」と、四国会議との連携、同盟にも期待を寄せている事である。四国会議は、反政府攘夷派からみれば、期待される存在だったことが分かる。最後に大楽は毛利に対し、「別してお願いしたいことは檄文です。是非先生の正筆をもって、四海（天下、世の中）を感動させて、皇国今日の状勢は是非とも共和合従（和解連合）のほかない事を分からせたいと愚考しています」と、檄文の執筆を懇請している。大楽は、大義は諸隊側にあると主張しながらも、山口藩常備軍との衝突は、最後まで避けたいと思っていた。この点、両軍の衝突を避けたいと考えていたのは、高田も同じであった。彼は山口藩の諸隊の軍事力を温存させておいて、有終館をはじめとする諸藩の兵と連携して、反政府の烽火を挙げようと画策していた。

その後も大楽は、諸隊と常備軍衝突後の情勢を、毛利に書簡で詳しく伝えている（『国事十』）。書簡には、明治二年一一月の兵制改革からはじまって、三年二月一〇日の山口での戦闘の様子までを詳述している。諸隊は、九日から一〇日の戦闘で、山口藩正規軍に敗北した。一一日には、木戸が山口に入っているから、おそらくその後に認めたものと思われる。この中で何度も述べているのは、兵制改革（諸隊解体）と「胡服」「被髪脱刀」に対する批判である。そしてその背後には、明治新政府とその下で「改革」を推進する藩庁にたいする不信がある。大楽はこの書簡を、「天下有志の諸藩に倚頼《いらい》（依頼に同じ）し、皇国の為に盡力するほかありません」という文章で結んでいる。これは、その後の大楽の行動を暗示しているように思う。

古荘嘉門が三田尻へ

諸隊と常備軍との衝突が避けられない状況のもと、一月下旬に有終館の古荘嘉門が、三田尻に赴いている。この時、先にもあげた津守閑（幹）太郎（毛利の門弟で奇兵隊の隊士）らを伴っている。恐らく有終館からも、それなりの人数が同伴したと思われる。彼らは鶴崎を出て、三田尻に赴き奇兵隊長（古荘は「姓名は失念」という）に面会した。そして現場の模様をみた上で、「約したる計略」について話をはじめた。ところが、隊長は「今回の事態は、わが藩の一手にて処置すべき事である。従って、貴藩がどのように対処されても構わない」と答えた。要するに、今回は山口藩の「内乱」であるから、有終館の手を借りるまでもない、というのである。

古荘は、「意外の返答」に驚いたが、仕方なくすぐに鶴崎に引き返したという。この往復には、およそ一〇日間を要したというが、鶴崎に帰着したのは二月五～六日頃だったという。その後、両軍は開戦に及び、砲声が鶴崎にも響いた。そこで古荘は、熊本藩にこの事態を知らせるため、さらには「熊本で同志を募り、鶴崎の兵を挙げて藩政改革を行う企図もあり、その時機窺いもかねて熊本へ行き」、藩に状況を報告した（「古荘口述」）。

山口で奇兵隊の挙動が穏やかでない頃、高田が次のように語った。「その曲直（正邪）を論ずるならば、その辞柄《じへい》（言い分）は奇兵隊の方にあると思う。なぜなら往年、山口藩において幕府兵との戦闘を引き受け、閫境《こうきょう》（国じゅう）が艱難の際、国（藩）を維持できたのは、奇兵隊の力が最も大きい。よって、奇兵隊の主張は理にかなっており、功績のある兵隊である。力の及ぶ限り該隊を救援し、かつ鶴崎の兵を挙げ、奇兵隊と共同し、素志を成就すべきである」と。

古荘も、この高田の考えに同意していた。しかし古荘には、高田のように見通しを持った計画があるわけではなかった。ところで、山口での両軍の衝突前に「源兵が本藩の使命を奉じて、山口藩に赴く筈だった。しかしこれは果たせなかった」と、後で古荘は高田から聞いて知ったという（「古荘口述」）。高田が山口に行くというのは、何を意味するのか。

久留米での謀議と挫折

明治三年一月、両軍の衝突が切迫する中、久留米藩の古松簡二と高知脱藩士の岡崎恭助が、有終館の高田を訪ねたという。古松も岡崎も、名うての攘夷主義者である。ふたりは奇兵隊ほか諸隊が「沸騰」するなか、どのようにこれと連携し、反政府挙兵を決行するか諮るために鶴崎を訪ねたのだった。要するに、諸隊の沸騰を好機と捉え、有終館率いる高田を担ぎ出そうとしたのである。ところがこの時、高田は藩用で長崎に行っており留守であった。古松と岡崎は急ぎ久留米に帰り、高田に会うために岡崎が長崎に向かった。長崎で高田に会った岡崎は、一月下旬、高田を伴って久留米に帰ってきた。

ここで、肥後勤王党の領袖高田、大村益次郎暗殺グループの残党岡崎（同じく高知の堀内誠之進もここに加わる）、久留米藩の草莽崛起論者古松が揃った。早速、諸隊の反乱に呼応してどのように動くかが検討された。しかし、高田と古松の意見は衝突した。古松が奇兵隊ほか諸隊、久留米応変隊、鶴崎有終館の軍事力を柱に、全国の草莽を糾合しての攘夷決行を主張した。これに対し、高田は草莽崛起では政府転覆は無理で、あくまで本藩（熊本藩）の力を借り、政府内に亀裂が生じる時機を待って政府を改革すべきであると主張した。折から高田は、有終館を中心に豊後七藩会議を組織し、九州諸藩の連合によって改革を推進しようとしていた。高田はもはや「草莽の時代」が去ったことを、誰よりも自覚していた。高田は単純な攘夷主義者を脱していた。脱隊騒動への対応にしても、高田は熊本藩の兵力を山口藩境まで繰り出し、その圧力で諸隊と山口藩常備軍との曲直を糺し、これを解決すべきだと主張した。両軍の衝突によって、諸隊の軍事力を失うことは大いなる損失であった。高田源兵が自ら熊本藩兵を率いて、山口に赴くことには、このような意味があったのである。

しかし、最終的には高田と古松の折衷案が成立した。すなわち、熊本藩有終館の兵隊長である高田が藩の使者として山口に赴き、諸隊と常備兵との間を調停し休戦させる（高田案）。これで時間を稼ぎながら、諸藩と草莽を鼓舞、これを糾合して兵力を拡大し、それがなれば東京へ押し出し、天皇のもと攘夷親征を実現する（古松案）と決した。

こうして高田は、いったん熊本に帰って藩を説得し、同志を募って山口に赴く。岡崎はさきに鶴崎に行き、高田と合流後、諸藩を手分けして鼓舞する。古松は応変隊・七生隊のある久留米に残って、その時に備えることとなった。

ところが間もなく、二月八日には諸隊と常備軍との戦端が開かれ、一一日には木戸率いる討伐軍に諸隊は鎮圧された。あっけない敗北であった。さきの久留米で策定された計画は、もろくも崩れ去ったのである。

しばらく熊本に滞在していた古荘は、熊本に帰着した高田と鶴崎に向かった。高田は体調を崩し、そのため駕篭を雇った。ちょうど、久住駅（現大分県竹田市久住。熊本藩領）で一泊していたときのこと、奇兵隊が敗走して追々鶴崎にも遁走して来たことを伝え知った。このとき高田は大いに落胆し、「私の宿志の成否は、奇兵隊の勝敗にかかっていた。しかるに彼ら、すでに敗北したのか」といって歎息した。そして古荘と高田が鶴崎に着いた時は、すでに奇兵隊ほか諸隊の脱徒が鶴崎に入り込んでいた（「古荘口述」）。

大楽源太郎の逃亡

『国事十』に「二月某日長州暴徒の脱走人秋山五郎等十数人鶴崎に至り毛利到に依る、毛利は高田源兵、古荘嘉門、木村弦雄等と謀りてこれを潜匿せしむ」とある。大楽源太郎に先立って、すでに奇兵隊ほかの脱徒が、鶴崎に逃走してきた。秋山五郎とは、大楽の弟山県源吾である。彼は大楽が少し遅れて鶴崎に入ると、以後行動を共にし、大楽が久留米で斬殺されたとき、彼もまた殺害された。

彼らが毛利邸に来ると、早速四男羆《きくま》が有終館に来て、脱徒らの潜匿について相談した。脱徒の中には、高田が長州にいた頃、手厚く面倒をみてくれた者もいた。また奇兵隊ほか諸隊は、京都から奥羽の戦い（戊辰戦争）でも身命をなげうって戦った者たちである。憐情もあって、有終館はこぞって潜匿の世話をすることになった。

さて、『防長回天史第六編下』によれば、「兇徒の一巨魁たりし大楽源太郎を山口に送致し途上、三月五日夜、護送者の不注意より逃亡しせめた」とある。大楽は、脱隊騒動の首謀者と目され出頭を命じられた。このとき護送者（世話役）の隙をついて逃亡した。大楽は郷里の台道村に一旦戻り、旦浦から船で豊後国東半島の北方沖に浮かぶ姫島（杵築藩領）に渡った。姫島は周防灘にあって、防長と二豊を結ぶ中継地であった。姫島では大楽の父親と親交のあった、庄屋古庄虎二《こしょうとらじ》らに匿われた。姫島には数ヶ月滞在したという説もある。しかし、第三章で述べたように、沢田衛守が三月はじめに鶴崎に来たとき、すでに大楽も鶴崎に潜伏していた可能性が高い。ただ大楽は、鶴崎潜伏中にも、何度か姫島に情報収集に行くことがあった。そのため、数ヶ月間姫島に滞在したように思われたのかもしれない。いずれにしても、山口で逃亡したあと、間もなく鶴崎に入ったと思われる。大楽が有終館に現れたときの事は、すでに述べた。

岡藩士赤座《あかざ》彌太郎によれば、「明治三年三月中旬、大楽源太郎（本名は山口眞《ママ》太郎）、鶴崎町に来たり。それより中瀬市郎と変名して、鶴崎の勤王家毛利登《みのる》（毛利空桑の長男）に伴われ赤座宅に来たりしは三年三月二十五日で、三泊して詩韻（漢詩）の唱和をなし、その後六月二日に復来《また》たりて謀議をなす」（『国事十』）という。六月以降は竹田とその近郊にいて、その後大楽は久留米藩に向かう。従って、鶴崎には二か月半ほど滞在したことになる。鶴崎ではおもに、毛利の居宅に匿われたという。

有終館と脱徒潜匿

有終館には、諸隊の脱徒が潜伏するために、次々にやってきた。しかし脱徒の中には、賊同様の振る舞いをする者もいて、すべてを受け入れるわけにはいかない。また、脱徒の多くは河上彦斎（高田）を訪ねてくるが、「河上彦斎という者はいない」と返答すると、彼らは実に困惑した様子をみせる。その様子を荘野彦七（有終館の幹部）が見かけ、対応したところ、憐れむべき事情を聞いた。荘野は高田と相談し、この時六人を受け入れることになった。

次々にやってくる脱徒を、鶴崎だけで潜匿するのは難しかった。佐賀関の小黒浜の磯吉方にも、潜匿させた。こうして脱徒らは、鶴崎とその近傍の熊本藩領の村々、遠くは岡藩領大野郡田中村（現豊後大野市）、さらに臼杵藩や佐伯藩領の寺院や百姓宅などに分散させて潜伏させた。このような潜匿が可能であったのは、毛利空桑の思想に感化を受け共鳴した、豊後攘夷派のネットワークが存在したからである。

毛利自身の居宅と塾中にも、多いときで一六～一七人も潜伏していたという。この状況をみて有終館では、木村と古荘が相談して、米三俵を潜匿人の食料として贈った。しかし、このような状況で、脱徒を長期間潜匿するのは難しかった。

山口藩では、脱隊騒動を鎮圧しても、大楽の生死は不明であった。そこで、密偵を四方に送り出して所在を探った。そして「熊本の常備軍と称する有終館は、平生政府に対して不満を懐いている。大楽が有終館を訪ねれば、必ず潜匿させるに違いない」と判断して、しきりに密偵を鶴崎に入り込ませた。

大楽が鶴崎に潜入した三月中には、早速山口藩の山本林之助ら三人の使者が、鶴崎を訪れ脱徒の有無を穿鑿している。その際山本らは、一〇人の実名を出して所在を尋ねている。その冒頭に、富永有隣と大楽源太郎の氏名があり、「この一〇人のうち有隣と源太郎の両人は、是非捕縛し吟味しなくてはならない」と強調した。富永と大楽は、脱隊騒動の「巨魁」として、「指名手配」されていた（富永は四国に逃亡）。使者は「毛利到の塾」などが怪しいことをほのめかした。これに対して毛利空桑は、「私の塾にはおりません。もしお疑いなさるなら、塾に来ていただいて一々改めてもらっても構いません」と返答した。こういわれて山本らは、さすがに「心外」だとして改めることはしなかった。さらに山本は、「有終館には多くの浪人がいると聞いているが」と問うと毛利は、「有終館には浪人は一切入れていない。有終館の責任者は高田源兵なので、有終館に同道するので高田に掛け合いなさるがよい」と答えた（『国事十』）。山口藩では鶴崎に脱徒がいることは確信しているのだが、熊本藩の手前、直接手を出すことはできなかった。公式には、熊本藩に依頼して脱徒を捜索するしかなかった。

明治三年四月二三日、弁官伝達所（太政官と諸藩を連絡）から在東京各藩公用人に対し、「山口藩兵卒ども、先だって騒擾及び闘争候。残卒なおまた去る三日、戦争に及び、その末船に乗り込み脱走致し候に付ては、何方の浦へ寄せ候儀も計り難く候に付き、右様の節は捕縛いたし処置すべし」と、要するに「脱徒が諸藩の領地内に船で寄港すれば捕縛せよ」との達しが出される。その後も、脱徒の取締りは次々に強化される。捕縛された脱徒の多くは、山口藩に送還され処刑された。こうして、鶴崎での脱徒の潜匿は、山口・熊本藩両藩からの圧力によって、しだいに困難になっていく。

大楽が憤死を決意

高田源兵は、「月日失念」としている。ある日大楽が、憤死を決意し「恢復《かいふく》を謀り申す可くと覚悟」して、高田源兵に懇願した。それは、諸隊の勢力を回復するために、打って出る（挙兵する）という。ただし、兵器と弾薬の手当がないので、鶴崎の「官庫」（熊本藩御茶屋の兵器庫）に貯蔵してある兵器を借り受けたいという。これは、書面で伝えて来た。

この時、高田源兵は思った。大楽が急にそのようなことをいうのは、本気で「攘夷恢復」をなすのではなく、すべて私怨を晴らすために違いない。ならばこれは暴挙である。そこで高田は大楽に対し、「官舎の兵器を私的に貸与することは出来ない。暴挙は見合わせるように」と断った。ただ、「もし本当に攘夷恢復を図るのであれば、貸してやりたい」というのが、高田の本心でもあった。さらに「たとえ断ったとしても、源太郎が官庫から勝手に兵器を持ち出すのであれば、私としてはそれを留めはしない」つもりであったと（「高田源兵糺問口書」）。これは、のちに高田が捕縛されたあと、東京での取り調べで供述したものである。

取り調べに対し、高田は正直に答えたのであろう。しかしこの大楽に対する「武器供与問題」が、大楽ほか脱徒潜匿の罪とともに、高田の命取りになった理由の一つであることは間違いない。

大楽と姫島

大楽源太郎は、山口を脱出したあと姫島を経由して鶴崎に来た。また、大村益次郎襲撃犯のひとりである神代直人は、犯行後にやはり姫島に潜伏していた。姫島とは、どのような島なのか。

姫島は、古くは女島と表記されたこともある。国東半島の北方沖約四㎞、周防灘に浮かぶ島である**【写真】**。周囲一七㎞、東西七㎞、南北最大二㎞の東西に長い島である。江戸時代はじめ、姫島村は、細川氏が領有した豊前中津藩に属した。正保二年（一六四五）からは、能見《のうみ》松平氏が

国東半島の伊美港から姫島を臨む

領有する杵築藩領となった。歴代の庄屋は古庄《こしょう》氏で、杵築藩の流刑地でもあった。弘化四年（一八四七）の家数三七六、人口二〇〇二人という（令和五年一二月の人口は、一五四九人）。農業、漁業のほか、製塩業が主な産業であった。一八世紀半ばの宝暦年間には、庄屋古庄氏が食糧確保のために、周防大島から唐芋《からいも》（サツマイモ）を導入し、広く栽培された。このように、周防灘に浮かぶ島らしく、姫島は防長二州（山口県）とのつながりが濃厚であった。

元治元年（一八六四）、姫島沖にイギリス船が碇泊し、乗船していた伊藤博文、井上馨はここで和船に乗り換え長州（山口）に戻った。伊藤と井上の帰藩は、山口藩と列強側との調停のためであった。この時、イギリス船は姫島で食料を調達している。同年の四国艦隊下関砲撃事件では、各国の軍艦一八隻が姫島沖で集結。庄屋古庄虎二（虎治）はこの情報を、急ぎ山口藩に伝えた。この時、幕府軍艦も来航し、勝海舟も上陸している。

明治三年四月はじめ、大楽は鶴崎から、再び姫島に渡っている。山口藩内の情報を得るためであった。姫島に着いて間もなく、無事に到着したことを毛利登《みのる》に書簡で伝えている（日付は三月四日）。そして姫島から長州の影が見えたのであろう、「故国の風景はすべて依然たる様子」と、その風景は何も変わりませんという。しかし続けて、「斬首せらるる者、前後合わせて七十名位、投獄流竄《るざん》（追放）を合わせて百二十余とのこと」と、脱隊兵に対する苛酷な処刑が行われていることを知らせた。さらに、「先月二十五、六日には、探索之者がこの地（姫島）に来たそうです」「一両日中には一人で帰りますので、その後詳しいことが分かると思います」と述べている。差出人は「一郎」。大楽はこの頃、「中瀬一郎」という変名を使っていた。

この書簡には、毛利莫《さだむ》（毛利空桑の三男）が登から聞いた逸話が添えられている。それによれば、「この書は、大楽が鶴崎に身を投じたあと、故国長州の近況を知りたいから姫島に行きたいといった。それで家島《よしま》（鶴崎の北側に隣接する小港）の漁船を雇い、姫島まで送ったときのものである。姫島では島の荘屋（庄屋）古城《ママ》虎次が、大楽のために大いに盡力してくれた」とある。「古城虎次」とは、さきに挙げた古庄虎二である（『国事十』）。

古庄虎二は、古庄家一二代目の庄屋で、天保九年（一八三八）生まれ。杵築藩の儒学者で、藩校頭取でもあった元田竹渓《ちくけい》門下の俊才といわれた。竹渓は日出藩の帆足万里の門弟で、杵築藩ではいち早く勤王を唱えた。従って、古庄虎二もまた勤王の志が厚かった。そして、大楽源太郎の父と古庄虎二の父は、知己であったという。そのため大楽は、姫島の古庄家を頼って逃れた。ただし島内では、屋敷を構える古庄家では目立ちやすいので、ここから離れた山中の中城家に潜伏したという。大楽は古庄家に、「回天軍」旗（長さ二・二メートル、幅七五センチ）**【写真】**と赤鞘

大楽ゆかりの「回天軍」旗と刀（『別府市誌』第1巻、2003年より）

の刀（現在所在不明）を残したという。「回天」にはいうまでもなく、諸隊を回復させたのち、政府転覆をなすという意味がこめられている。それにしても、堂々たる字である。この字が大楽の真筆なら、大楽の強固な意志の表象のように思われる。姫島という孤島の地理的位置、そこに古庄虎二のような勤王家の存在があって、大楽源太郎の逃走が助けられ、さらに大楽の情報収集が可能となったのである。姫島と古庄虎二の存在もまた、豊後尊王攘夷派のネットワークに含めることが出来るであろう。

姫島には、高杉晋作、伊藤博文、井上馨などの長州藩士、さらには幕臣の勝海舟も訪れた。しかし、姫島の人々がいちばん愛着を感じる歴史上の人物は、大楽源太郎だったという（ただし現在、ほとんどの島民が大楽を知らない）。なお、大楽の遺児（女児）が、彼の死後古庄家に引き取られ、育てられた。名を瀧子（多気子とも）という。のち古庄家から、国東半島の西安岐村（現杵築市）の宇都宮家に嫁したという（高橋）。

大楽が鶴崎を去る

大楽源太郎と、彼を匿う有終館と高田源兵が、次第に追いつめられていく様子を、中村六蔵は次のようにいう。

「山口藩では奇兵隊を蹂躙したけれども、その首領大楽源太郎の生死は詳らかでなく、諜者を四方に派してこれを探る……源太郎が豊後に逃げ込みたる事が判然とした……熊本の常備軍と称する有終館は、平生政府に不満懐く、必ず源太郎等を潜匿するに違いないと。これより頻りに諜者を鶴崎に入り込ませ、その様子を探らせ、また藩府（山口藩庁）よりは公然と熊本藩に照会して、『当藩の脱士大楽源太郎等、尊藩の領地豊後の鶴崎に潜匿している。宜しく捜査を請う』との通牒あり。熊本藩にては、直ちに使者を有終館に派して、充分にこれを捜査して、山口藩の希望を満足せしむべく、厳命を下した。彦斎（高田源兵）等陽にはこれに服従するが、陰には正しく源太郎等を潜匿させていた。彦斎大いに苦心し、種々の考案を凝らせた。既に山口藩の諜者はますます（鶴崎に）入り込み、熊本藩の命令はいよいよ厳しくなり、彦斎等は到底、源太郎等を潜匿させることが出来ないことを知り、窃《ひそ》かに腹心の者に委嘱し、源太郎等を久留米の同志に託した。ここにおいて、源太郎等を潜匿させているという嫌疑が稍々《やや》晴れたり」と（『国事十』）。

岡藩士赤座彌太郎によれば、鶴崎を去った大楽源太郎が、岡藩に潜入したのは六月二日だという。従って、鶴崎を出たのは五月末か。鶴崎を去る大楽ほか山口藩の脱徒は、二つのグループに分けられた。目立たないようにするためと、一網打尽のリスクを避けるためだと思われる。「山県五郎《ママ》（大楽の弟）ほか数十人は、大分郡野津原村、今市村を経て、大楽源太郎ほか数十人は大野郡犬飼町、田中村（現豊後大野市）を経て、いずれも竹田町に入りたる次第」とある。また、毛利空桑は「やむを得ず長子登《みのる》、四男精《ちとし》、六男羆《きくま》をして大楽以下を送りて、竹田藩の同志赤座彌太郎、角石《かどいし》（門石）虎三郎等に託せしむ」とある（『国事十』）。ここでも毛利空桑とその息子らが、大楽保護に尽力している。

高田源兵は、「大楽源太郎ほか拾人は、羆と相談し、同人父の到が自署の添え書を認め、豊後国田中村最上寺（正しくは最乗寺）へ差し遣わし、品川省三ほか七人は私より添え書を書き、古松簡二方へ向け差し遣わした」（「高田糺問口書」）という。人数や向かった先が異なる。さきの「数十人」は、おそらく「十数人」程度ではないかと思われるが、いずれにしてもこのような形で、山口藩の脱徒たちは鶴崎を離れ久留米を目指した。

こうして、大楽は五月末頃、鶴崎を離れた。大楽が鶴崎に潜入したのが、三月上旬か中旬頃であったから、鶴崎に潜伏した期間はおよそ二か月半ということになる。ただしその後も、大楽とその一行の動きは、九州各地で波紋を巻き起こすことになる。

第五章

大楽騒動と九州諸藩

「中村口述書第六十八条」から

自分が東京を出る前に、東京で伝聞したことによれば、久留米藩下の当時の近況を察するに、久留米藩は近境の各藩を説き、連合して攘夷主義に訴え、政府に迫って（政治体制変革の）建白をおこなう企謀があるものと想像していた。ところが久留米に到着して見聞したところ、どうもそうではなく、久留米藩においては、ただ山口藩の脱徒大楽源太郎以下を隠匿させ、その結果、政府の嫌疑を受けた事の処置に困苦している。今彼を捕らえて政府に差し出さなければ、政府から厳重な処罰があると、政府に迫られている情勢にあるという。しかし、今更彼を捕縛することは、いわゆる懐に入れて保護してやった窮鳥を、却って殺害するような行為だから、それは出来ない事である。こうして、どうするかという議論の決着が着けられないままの状態のようである。ただしこれは、明治四年三月頃の状況である。

「中村口述書第七十条」から

当時、同志中に於て大楽源太郎は、もうすでに窮鳥が懐に入っているようなものであった。これを放逐すべきではなく、宜しく救護し潜匿させて、ともに事を挙げる一助と為すべしとの論もあったようである。自分に於てもいよいよ事を挙げるに至るときは、源太郎以下の脱隊兵を敢て擯斥《ひんせき》すべきものとは思慮しなかった。しかし今日より追考すれば、当時もし、ただ単に源太郎等を助けるだけの論ならば、あるいは自分に於ては、同意をしなかったかもしれない。結局、ついに事は破れ、小河真文《おごうまふみ》等が縛に就いたのは、自分が久留米に至った日より、およそ五～六十日間も経た後の事であったと記憶している。

（一）大楽騒動とその取締り

大楽騒動の波紋

有終館の瓦解とともに、追われるように鶴崎を離れた中村六蔵は、東京にたどり着く。東京では、攘夷主義を唱える久留米藩邸に出入りし、彼らと関係を深める。そして、久留米藩難事件（後述）といわれる、政府による久留米藩処分事件の前に、久留米藩士古松簡二（久留米藩攘夷派の中心人物で、応変隊の指導者）と久留米入りする。東京で聞いた所によれば、久留米藩は攘夷主義が支配し、近隣の諸藩と連合し、反政府の建白をなすであろうと想像していた。ところが、実際に到着してみると、反政府の建白どころではない。久留米藩は山口藩の脱徒、大楽源太郎を受け入れ潜匿させたが、この事件に振り回されている。久留米藩は、山口藩と政府から、脱隊騒動の巨魁大楽源太郎を差し出すように、強く迫られていた。もし、大楽を捕縛して差し出さねば、久留米藩自体が重い処罰を蒙る恐れがある。それは、藩主の身に及ぶかも知れない。しかし今更大楽を差し出すことは、懐に保護した窮鳥を、その手で殺害することに他ならない。それは道義的にみて、許されない行為である。こうして藩内では、議論が百出、どう対応したら良いか決められないでいた。中村がそのような久留米藩の状況を目撃したのは、明治四年の三月のことであった。

大楽騒動は、九州諸藩に多大な波紋をもたらす。諸藩だけではない。農民や一般市民にもその影響は及んだ。日田県では大規模な農民一揆を誘発し、脱徒たちによる軍資金調達名目の犯罪行為が続発し、一時治安も極度に悪化した。
そして、農民一揆が沈静化し大楽騒動が治まり、これに関連した諸藩の処分が行われると、九州攘夷派という反政府勢力は一掃されてしまう。それは、廃藩置県ほか、政府の新しい政策遂行の地ならしにほかならなかった。

九州諸藩の動向

大楽騒動で揺れる九州諸藩の状況は、どのようなものだったのか。明治三年九月二日付の杉孫七郎（山口藩権大参事）から参議木戸孝允宛の書簡がある（石川・田中『脱隊騒動一件紀事材料』、以下『材料』と略記）。久留米藩難事件の半年ほど前のものであるが、当時、山口藩が知り得た九州の情況をよく伝えているので、紹介したい（要約して現代文に改めた）。

（前略）豊前宇佐あたりへ脱徒どもが、無頼の徒を多数集めているので、日田県から近藩に出兵の要請をしました。山口藩にも知らせが届いたので、その用意だけはして、すでにこの事は日田へ届けました。しかし、実のところこれは少々大げさなことで、今のところ何も起きておりません。豊前、豊後、筑前、筑後あたりには絶えず探索の者を出しています。（中略）大楽のことは、今もって捕縛できず、渡辺昇が長崎でその噂があるというので、さらにふたり派遣しました。九州でも肥後熊本藩は大いに改正され、先だって村井繁三郎（熊本藩士か）が参り話をするには、「脱徒は草の間までも詮議する覚悟です」と申しました。鶴崎も日々厳重な取締りをして、大いに安心しております。久留米藩は様子が一向に分かりません。先日脱徒ひとりを捕縛したと知らせてきたので、受け取りの者を派遣しました。しかし久留米藩も、評判ほどにはないかと推察しております。（中略）今日、豊津で四人捕らえたので受け取りに来てくれとの知らせがありました。（このように）各藩において、脱徒は実に悪しき者たちだということが分かってきたようです。「天網恢々」の道理でございます（後略）。

豊前宇佐あたりで、脱徒が潜伏し仲間を集め、山口藩に乱入するという風聞があった。そのことを日田県が伝えてきたのは、明治三年八月の半ば頃であった。山口藩はその対処を怠らなかったが、実際には「乱入」という事態は起きなかった。山口藩が九州で特に目配りをしたのは、二豊（豊前・豊後）と両筑（筑前・筑後）の諸藩の動向であった。中でも久留米藩は要注意であった。しかし、同藩が反政府の行動を起こす可能性は、「評判ほどにはない」と杉は判断している。いっぽう熊本藩の態度は大いに改善（実学党政権がすでに成立）され、脱徒の探索についても極めて協力的であるという。同藩の鶴崎の状況も、厳しい取締りの結果、安心できるほど改善した（有終館はすでに閉鎖）。豊津藩も脱徒を四人を捕縛し、協力している。総じて九州各藩では、脱徒たちの弊害が広く認識されつつあるという。ただし、大楽の行方はまだ分からない。

別府日向屋事件

脱徒たちによる治安の悪化とは、実際にどのようなものであったか。一例をあげる。現在の大分県別府市は、維新後廃藩置県まで、その大部分が日田県の管轄下にあった。日田県は別府に支庁を置いていたが、脱隊騒動後、別府支庁は脱徒の侵入に対し、極度に警戒を強めていた。

明治三年三月三〇日、別府の楠浜の日向屋に、「胡乱《うろん》の者」（不審者）五人が止宿している、との情報が入った。支庁は塩飽《しわく》屋作太郎を派遣し調べさせたところ、「旧幕府の残党」で前年許されて「鶴崎生産所」に召しかかえられた者である、とのことであった。しかし、たまたま入湯に来ていた「鶴崎兵」（鶴崎の熊本藩士か）に尋ねたところ、「そういう者は知らない」という。そこで、支庁から郷兵（別府支庁管轄の日田県兵）の矢田正人・吉良義男・安藤勇・財前逢平・小使一平の五人が、現地に赴き迅問した。すると彼らは、「旧幕府の歩兵で、現在は商人となり日向へ楮皮《こうぞ》を買付けに行く途中である」とのことであった。

しかし、印鑑や通行手形も持たず不審であったので、所持品と身体検査を始めた。すると、このうち一人がいきなり拳銃を懐から取り出し、矢田正人に向け三発を発砲した。矢田、吉良の二人は直ちに抜刀して応戦し、二階から飛び降りて逃げながら発砲しようとした男ひとりを斬り殺し、他の一人に傷を負わせ、そのほか全員を捕縛した。

その後の取り調べの結果、即死の者は、山口藩制武隊《ママ》（整武隊か）の早川登、手負いは遊撃隊の早川勇太郎、その他は制武隊の石川軍太郎、建武隊《ママ》（健武隊か）の植木関馬という脱徒と、広島藩豊田郡大崎島の船頭源八と判明した。彼等は、死亡者の遺体とともに、日田県庁に送られた。

別府温泉は、いうまでもなく別府湾に面し、国東半島や姫島にも近い。また、入浴客で賑わう別府は、脱徒にとっては潜伏しやすい場所でもあった。従って、脱徒の侵入は予想されたであろう。日向屋事件は事前に脱徒を察知して、未然に取り押さえた事例である。ただ別府のみならず、豊前から豊後の特に沿岸地方は、脱徒による治安悪化に脅かされた。

脱徒による「軍資金調達」

一連の事件、いわゆる「明治の大獄」において、斬罪に処せられた者は久留米藩士（小河真文）や熊本藩士（高田源兵）など五人である（『公文録』「不良徒処置一件伺」にある二二三人のうち、斬罪は七人で、実際に執行されたのは五人）。彼らは藩士としてそれぞれの藩をあげ、反政府運動を主導した者たちである。ところがこの五人とは別に、農民にも斬罪に処せられたものが四人いる（うち二人は「存命ナラバ斬罪」。おそらく病気や拷問などにより獄中で死亡。ただし一連の事件に関連して、各藩において個別に処刑された者は含まない）。これらはいずれも現在の大分県域に住まう農民たちで、山口藩脱徒とともに金品の強奪などの犯罪（脱徒らにとっては「軍資金調達」）を冒した者たちである。しかし彼らは、単なる「無頼の徒」などではなかった。斬罪となった若者の「糺問口述書」から、脱徒らによる治安悪化の実態をみてみよう（「山口藩隊卒騒擾始末（四）」）。

豊後国速見郡八丸村（現杵築市山香町）の農民楠本某は、二〇歳の若者であった。彼は鶴崎の毛利到（空桑）の門弟で、主に漢学を学んでいた。明治三年二月、脱隊騒動が起こり、脱徒が所々に潜伏した。鶴崎の毛利の塾（知来館）にも、多数の脱徒が匿われたことはすでに述べた。「同年五月頃から毛利塾にて同居していた道仙という僧」がいた。同年の八月頃、道仙は楠本（若者）の父親（毛利到の旧知か）を頼り、私宅へやってきた。そしてこの若者に対し、「正義の志はあるか」と問うた。楠本は、「兼ねてから士道の存念もあったので」、押して道仙の「正義の説」を聞かせてもらった。するとこの僧道仙は、「自分は旭登人という者で、山口藩の脱徒である。同志は多くいて、二豊の諸藩のほか、久留米にも多数いる。既に久留米藩から蒸気船を借り受け、兵器は豊津藩から調達する手筈である。同志の隊長は、大楽源太郎と富永有隣という者である。山口藩を回復（諸隊が権力を奪回）した上で、「攘夷の議」を朝廷に建白すれば、採用されるはずである。これが成功すれば、君の立身は目前の事である。もっとも、いま源太郎は岡藩に潜伏中である」と語った。そして頻りに若者を勧誘した。楠本は、彼の話は「もっとものことである」と信じ込み、彼の勧めに同意し「同志」となった。そしてその後、山口藩領徳山の居守《いもり》（現周南市）にある酒屋、豊後玖珠郡小田《おた》（現玖珠町）と中津藩領田尻村（現中津市）の「富家」と、同年九月から一一月の間に、三ヶ所での強盗に手を染めるのである。もちろん、名目は大義のための「軍資金の調達」である。これらの罪で、楠本は斬罪となった。

　楠本の「糺問口述書」には、注目すべき点がいくつかある。第一は、楠本が毛利空桑の門弟であったことである。若者を勧誘した旭登人（旭昇とも）は、毛利塾に匿われた者である。すでに述べたように、鶴崎の毛利塾や有終館に匿われた山口藩脱徒は、明治三年五月下旬ころから各地に分散された。おそらく旭登人も、このとき毛利空桑の旧知である父親を頼って逃れてきた者ではないだろうか。第二は、奪った金の一部が、実際に兵器購入に使用されている点である。供述では、小銃八挺と刀二本を購入し、姫島の古庄寅治（古庄虎二。姫島の庄屋で大楽の協力者）のもとへ預けたという。さらに残金について、旭登人らが岡藩領大野郡田中村最乗寺**【写真】**に潜伏中だった大楽源太郎のもとへ行き、その使途を協議している。大楽らの逃走資金に、こうした強奪金が使われていた可能性もある。第三に、この若者を含む脱徒のグループは、日田県別府支庁の獄に収監中の矢田宏の奪還計画をたてている。矢田はすでに述べたように、沢田衛守殺害の廉で捕縛され収監されていた。さらにいうなら、矢田は有終館関係者であり、毛利空桑の門弟でもあった人物である。第四に、小田の「富家」を襲撃する前に元久留米藩士ら（変名だと思われるが北川久左衛門、花形雷助など。ただし、北川は後述する史料では「山口藩脱走」となっている）が現れる点である。「軍資金調達」という名の強盗に、元久留米藩士など九州攘夷派も関与している可能性がある。

大楽が潜伏した最乗寺（豊後大野市大野町）

楠本は逃走中、宇佐郡金丸村（現宇佐市）の仲間宅にいるところを、「御不審掛」に捕縛された（一一月五日）。そしてまず、中津藩で取り調べをうけた。その後、さらに東京へ送られ、再度糺問の上、斬罪が言い渡された（明治四年七月）。罪名は「脱徒に与《くみ》し奔走中、凶器を持ち強盗を為す者。贓金《ぞうきん》（奪った金）十両余」である。斬罪になった四人の農民は、いずれも中津藩領田尻村の「富家」の襲撃にかかわった者たちである。

大島勘場襲撃

明治三年一一月に起きた、山口藩大島郡の勘場（大島郡出役所）襲撃に参加した者たちは、実に広範囲に及ぶ。勘場とは、山口藩の宰判《さいばん》という行政区画ごとに置かれていた役所をいう。一一月一九日夜、脱徒とその同志約二〇人が、大島郡の勘場を襲った。勘場にある資金強奪が目的であったと思われる。しかし多くがその場で捕縛され、その他一部は再び九州方面に逃れた。勘場に大きな被害はなかった（以下『材料』）。

山口藩脱徒に随行し、捕らえられた「同志」たちは、鶴崎とその周辺の熊本藩領の百姓や船頭、府内藩領の百姓や寺院関係者、延岡藩領の寺院関係者、日田県管下の百姓や町人など、実に広範に及ぶ。ただし、これらの「同志」たちの居住範囲は、現在の大分市とその周辺地域である。この地域は、多くの藩領が錯綜していた。彼らは、「鶴崎湊より出帆、姫島へ集合、それより管内（山口藩領内）に渡海」したという。ここでも姫島が、集合地であり中継地となっている。

注目すべきは、脱徒の「同志」に寺院関係者が多いことである。大島勘場襲撃事件後に、立石（現杵築市）の梶原平馬という人物が捕縛され、彼の供述から山口藩脱徒や勘場襲撃事件にかかわった者たち（残党）の所在が発覚する。かなりの人数に及ぶが、その中に府内藩領の威徳寺、延岡藩領の西福寺、常楽寺、霊山寺などの関係者が多数いる（四ヵ寺はいずれも現大分市内）。さらにこれらの寺院には、山口藩の脱徒も潜匿されていた。たとえば威徳寺は、「右は浮浪に与し、追々脱徒を留置、先月二十七日の夜は、残党十四人の内九人相滞《とどま》り、炮器等も同寺へ囲い置き、浮浪入費の出金も致し」た事が分かり、熊本藩鶴崎出張所からこれを府内藩に通報した。威徳寺には脱徒ばかりでなく、兵器も隠されていたのである。また常楽寺は、「浮浪に与党僧侶の巨魁」だという。常楽寺も威徳寺同様、脱徒に資金を提供していた。

なぜ、寺院関係者が山口藩脱徒の「与党」となって、彼らを支援したのだろうか。残党のひとりであった清田貫太は、日田県支配大分郡光吉村（現大分市）吉祥寺の住職であった。彼は「鶴崎捕亡」に捕縛されたが、「花方瀬助の尊王攘夷、仏法興隆の説諭」に感じ入り、同志となったという。花方瀬助は「柳川藩虚無僧変名」とあって、延岡藩領竜原村（現由布市）に潜伏していたとある（花方瀬助は、先の楠本某の供述の中に出てくる「花形雷助」と同一人物ではないかと思われる。「瀬」は「頼（雷）」の可能性がある。そこでは花形は「元久留米人」とある）。実は大楽騒動下の豊後・豊前地域では、「大楽と気脈を通じる豊津藩の除隊兵や廃仏毀釈に反対する僧侶たちが、豊後諸藩とともに挙兵する計画」があったとされる（佐藤成朗）。先の花方の「仏法興隆の説諭」の内容とは、「山口藩を討って廃仏毀釈をやめさせる」という事であろう。新政府の神仏分離と廃仏毀釈は、山口藩や鹿児島藩、すなわち薩長勢力が中心となって進めていた。寺院と僧侶が、山口藩の脱徒を支援し、共同行動をとる理由はここにあった。

取締りの強化

政府も、特に豊後地方の治安の悪化は、もはや看過できなくなった。太政官は明治三年一一月二八日、次のような布告を出して、取締りの強化を命ずる。

山口藩逋逃ノ徒、豊後地方ニ抵《いた》リ、陰ニ不逞徒ヲ扇動ス。是日、弾正少忠河野敏鎌ヲ日田県ニ差遣シテ、之ヲ処分セシム。翌日、又二豊、両筑、肥後諸藩ニ令シテ、厳ニ浮浪徒ヲ緝捕シ、臨機兵ヲ用フルヲ許ス。

二九日には、民部大丞松方正義を日田県に派遣し、同時に兵部省に命令して豊後地方の「浮浪の徒」に備えさせた。また薩摩・日向・肥後・長州・芸州・伊予・讃岐の諸藩および長崎・兵庫・倉敷の諸県に、逃亡者を速やかに捕縛するよう命じた（『明治史要全』）。

これを受けて熊本藩では一二月一四日、「山口藩隊卒沸騰（脱隊騒動）後、（脱徒が）所々に潜伏しているので、なお又厳重に取り締まるようにとの太政官からの命令もある。もし不審者があれば厳密に吟味し、また取り押さえ即刻報告せよ」と、藩内に布達した（『国事十』）。

さらに山口藩は、明治四年一月二八日、手ぬるい取締りに業を煮やし、全藩の軍事力を総動員して脱徒および浮浪の取締りを政府に具申する（後述）。政府はこれを認めなかったが、鹿児島、山口、高知の三藩兵による「親兵」編成をはじめていた。これが同年三月の久留米藩や柳河藩制圧の軍事力となり、さらには七月の廃藩置県でも、政府の強制力として機能することになる。

（二）大楽騒動（「日田騒擾」）と日田県一揆

明治初年、豊前豊後両国（二豊諸藩）では、農民騒擾が頻発した。慶応四年には日田県（三月、後述）と延岡藩領の湯布院（一一月）で、翌二年には日田県の一部（四月）と岡藩領（四月と七～八月）、さらには国東郡と宇佐郡にある延岡藩領（一一月）と島原藩領（一二月）でおきている。佐伯藩領でもこの年の秋に騒動がおきた。明治三年にはいると日田県（一一月）と岡藩領（一二月）、速見郡内の日田県管下、日出藩領、府内藩領（いずれも一二月）、加えて中津藩領（一二月）でも。明治四年には国東郡の島原藩領（一月）と日田県（四月）で農民騒擾がおきた。

豊前国と豊後国にまたがる現在の大分県域は、中津・杵築・日出・府内・臼杵・岡（竹田）・佐伯の各藩と、幕府・島原・延岡・熊本などの周辺諸藩の飛び地から成り立ち、諸藩領が錯綜し複雑であった。しばしば「犬牙錯綜」などと表現される。それにしても、当時二豊に含まれた一〇郡（国東・速見・大分・海部・大野・直入・玖珠・日田・下毛・宇佐）のすべてで、明治元年から四年までの間で何らかの農民騒擾がおきていることになる。さらに一見して分かるとおり、日田県管轄下ではこの間、毎年農民騒擾がおきている。旧藩時代、比較的豊かで安定した旧幕府領（のちの天領）の日田県で、なぜ騒擾が頻発したのだろうか。

明治四年といえば、いうまでもなく廃藩置県（七月）が断行された年である。明治維新から廃藩置県までの間に、これほどの農民騒擾がおきているということは、急激な時代の変化とそれにともなう社会矛盾が噴出したからに他ならない。もちろん明治二年の天候不順による全国的な凶作と飢饉が、明治二年から三年にかけて、全国で農民騒擾を引き起こした原因でもある。そしてこうした農民騒擾と重なりあい、九州の反政府攘夷派が関わる事件が各地で頻発するのである。

この農民騒擾と九州攘夷派の動きを、政府の要人たちが恐れたのはいうまでもない。何としても両者の連動（同盟）こそは防がねばならなかった。

慶応四年の日田県農民騒擾

明治三年の大楽騒動にも関わるので、それ以前の日田県における農民騒擾をみておきたい。維新変革にともなう激変を、最も早く体験したのは天領（旧幕領）の農民たちであった。慶応四年正月一六日、最後の西国筋郡代（日田代官）窪田治部右衛門《くぼたじぶえもん》は、隣接する肥後領へ逃亡した（窪田は肥後生まれ）。鳥羽・伏見の戦いにおける幕府軍の敗北と、それにつづく正月一四日の御許山騒動が窪田に日田（厳密には管下の九州幕府領）の放棄を決意させた。郡代が逃亡すると、日田に隣接する玖珠の森藩兵が日田に入った（一月一七日）。この時、代官所の役人たちもすでに逃亡していた。この日の夕方、森藩は豆田町（日田市街の中心地）の入り口に「為朝廷久留島伊予守守衛地」という高札を掲げた。また森藩は新政府に対して、「日田陣屋はわが藩の隣接の地であるが、窪田郡代は兼ねてから苛政、暴政が少なからず、住民は怨みを抱いていた。一月一六日、賊吏たちが残らず遁走したので、とりあえず人数を出して鎮撫した」と届け出てその正当性を訴えている（二月五日）。その後、一月二一日になって福岡藩が、続いて久留米、肥後の両藩も日田に乗り込んだ。二七日には鹿児島藩まで入り込んできた。五藩が日田に殺到し、一触即発の緊張が高まった。各藩が日田にこだわったのは、日田が九州幕府領の中心地であることに加え、「日田金《ひたがね》」（日田は九州の金融の中心地であった）を誰が抑えるかという重大問題があったからである。五藩のにらみ合いは、およそひと月に及んだ。この間、五藩のうち幕府との戦いの主力であった鹿児島藩が、実質的な支配者として振る舞った。しかし、結局二月二一日になって、新政府から岡（竹田）・森両藩に対して、日田を警備するようにとの達しが届いた。

岡・森両藩による日田警衛が実施されるのは、三月九日からである。一月以来、日田代官所管下の民政その他は全くかえりみられなかった。岡・森両藩の警衛がはじまるとまもなく、日田郡の農民たちは「屯集」をはじめた。三月一五日から一七日の間に、日田郡内の四〇ヶ村ほどの村人が、それぞれの村の神社に集合した。一六日には馬原《まばる》村ほかの農民が、日田市街地隈町《くままち》に侵入し酒食を強要した。ただ全体的には、大きな一揆には至らなかった（そのため「騒擾」と呼ぶ）。農民たちは、割り戻し金を要求するとともに、これまでの農民分担金の行方を追及した。要するに庄屋（村役人）や掛屋（郡代の金庫番たる日田商人）に対する疑念を抱き、不正を追及したのである。そして「徳川数代の庄屋」は残らず退陣せよ、「御一新」の証しとして徳政を実施せよと迫った。しかし要求はほとんど容れられず、農民たちの不満は明治三年の「日田県一揆」までくすぶり続ける。

なお、日田郡代管轄下の下毛・日田・玖珠郡の旧幕領は、閏四月一三日付けで、長崎裁判所（九州統治のための行政機関）管轄の「天領」となった。その後閏四月二一日に官制改革、二七日に政体書が交布され、全国は府・藩・県三治体制となった。藩はそのまま存続し、旧幕府領を引き継いだ天領が、府もしくは県となった。長崎裁判所管内には、長崎府・富岡県（現熊本県天草郡苓北町）・富高県（現宮崎県日向市）・日田県がおかれた。慶応四年は、九月八日に明治と改元された。

明治三年の「日田県一揆」

明治三年の一一月から翌年初めにかけて、東北と九州地方において、政府直轄の県（多くは旧幕府領。いわゆる「天領」）において、農民一揆・騒動が頻発した。すなわち、胆沢《いさわ》県騒動（現岩手県南部から宮城県北部の地域で一一月一三日から）・日田県騒動（現日田市周辺で一一月一七日から。大分県では一般に「日田県一揆」とよんでいる）・登米《とよま》県騒動（現登米《とめ》市周辺で一二月一五日から）・福島県騒動（現伊達郡周辺で明治四年二月一一日〜）である。騒動の原因はすべて同じとはいえないが、総じていえば各県での貢租搾取強化（増税）による。財政難に喘ぐ新政府は、旧幕領時代より厳しい諸税の取立を行った。各県の農民たちは、租税の軽減を求めて立ち上がった。

明治三年の日田県騒動は、「日田県一揆」「日田竹槍騒動」などと呼ばれている。『大分県史』『大分歴史事典』などでは、慶応四年の農民闘争を「日田県騒擾」（本書では、山口藩脱徒らによる「日田騒擾」と区別するために「日田県農民騒擾」という語を用いた）、明治三年のそれを「日田県一揆」と呼び、区別している。以下、ここでもこの慣例倣い、「日田県一揆」という名称を用いる。

明治三年一一月一七日、奥五馬筋《おくいつますじ》（現日田市天瀬町）で、大楽源太郎ほか山口藩脱徒を探索中の日田県兵と農民の衝突が起こった。その後、竹田河原《たけだごうら》（現日田市）に、七千人から一万人の農民が集結し、隈と豆田の両町（日田市街中心部）から日田郡全域にわたって、打ちこわしが起こった。農民一揆は、二〇日には玖珠郡に伝播し、日田・玖珠両郡で庄屋や県官・日田県兵（実態は農民で編成した郷兵）宅など二九〇戸が焼き打ちされた。一揆勢による破壊は苛烈を極めたが、そのターゲットは「元地役人（庄屋などの村役人層）ならびに郷兵（日田県兵）」であった。「天朝の御庁」である日田県庁や天朝の役人（中央から派遣された官吏）は、攻撃対象から除かれた。

一揆の背景・原因には、年貢の繰り上げ納入など、農民たちの抱く「増税観」があった。さらに慶応四年の「騒擾」では、庄屋（地役人）や掛屋に対する疑念を抱き、不正を追及したが、この疑念も全く晴されていなかった。それどころか、日田県による収奪は、ますます厳しくなった。その原因を、農民たちは一貫して地役人の不正だとみた。そこへ熊本藩では、明治三年の藩政改革によって雑税が廃止されたという情報が、この地方で疾風のように駆け抜けた。一揆勢は、熊本藩なみの減税を要求して蜂起した。

日田県一揆では、森藩常備兵や県官二名（高橋大属と長史生《ちょう》）が、竹槍で殺害された（このため「竹槍騒動」とも呼ぶ）。この殺害された「県官」は、一揆勢からみれば旧幕府領以来の「元地役人」たちに他ならなかった。一揆勢は、慶応三年以来の要求を踏みにじった地役人たちを、襲撃の主な対象とした。結局、日田県一揆は、森・熊本・豊津などの藩兵の出動により、一一月二一日までに鎮静化した。

一揆勢と「肥後御尊隊」

熊本藩兵一小隊を率いて、一揆の鎮圧に赴いたのは沼田含翠《がんすい》（家老として洋式操練を推進し、自らも藩兵の指揮官）であった。彼が目にした一揆勢の様子とは、「一揆はもともと租税の取立が苛《きび》しいことを訴えたもので、その勢いは頗る猖獗《しょうけつ》（物事が激しいさま）を極めた。すでに日田県の警備隊（郷兵と森藩兵）を襲い、これを散々に打ち破り、その勢いに乗じて付近の住民を糾合し、総勢まさに四、五百人にも及んだ。手に手に竹槍を携え、竹田河原に集合し、先に日田の警備隊から分捕った大砲数門を据え付けて、ますます官軍（熊本藩兵ほか鎮圧軍をいう）に抵抗しようとしている」というものであった。

沼田は竹田河原の一揆勢のもとに単身赴き、一揆勢の「巨魁数人」を呼び寄せた。そして、「なぜこのように多人数が集合しているのか。申し立てたいことがあれば、私が聞いて取り上げよう。なおも猥《みだ》りに騒動を続けるならば、遠慮なく打ち払う」といった。すると「私どもが、何故貴軍（熊本藩兵）に抵抗しましょうか。願いを聞いて下さるなら、直ちに引き払います」といい、実際すぐに退散した。そこで沼田は巨魁五、六人を捕らえ、日田の県官に引き渡し、それで一揆は鎮定した。幕切れは、あっけなかった。ところで、その百姓たちの要求は、「日田の租税は、肥後（熊本藩）の租税に比べれば非常に重い。それで肥後と同じくらいに軽減して欲しい」というものであった。そのため、一揆勢は熊本藩兵に、竹田河原で対峙しても、これに抵抗する意志を全く示さなかったのである。

熊本藩兵は、その後もしばらく日田に滞在した。藩兵は日田で、「日田人民の歓待」を受けた。歓待は「実に非常の事」であった。例えば湯屋に行けば、そこには「肥後尊隊御湯」などと大書した立札（看板）が立てられ、兵士を大歓迎した（『国事十』）。「日田人民」にとって、熊本藩兵は鎮圧軍ではなく、「解放軍」と受け取られていたのである。日田県一揆は、死刑五人をはじめ、多数の処刑者を出した。しかし政府から、安石代納制（数年間にわたる平均率課税と貢租の金納）廃止の撤回、大豆石代銀納相場の引き下げ（事実上の減税）など、大きな成果を獲得した。
日田県一揆は森・熊本・豊津藩兵により鎮圧された。しかし、日田県一揆の影響は、二豊各地に飛び火した。一二月一五日には、府内藩騒動が起きたが、その余波で一五日から一八日にかけて日田県別府支庁管下の騒動が起きた。別府では、激しい一揆勢の攻勢の前に、山県日田県少参事は、自らの判断で雑税免除のお墨付きを与えた。これはのちに撤回されるが、一時的にせよ、そうしなければ、一揆勢を抑えることが出来なかったのである。別府の騒擾は、一九日には日出《ひじ》藩領へと広がった。豊後でのこの一連の一揆（騒擾）のスローガンとなったのは、「肥後支配同様雑税免除」であった。明らかに、日田県一揆の要求が、周辺諸藩の農民たちに影響を与えたのであった。

脱徒による「日田騒擾」

日田県一揆と前後して、明治三年一一月には「日田騒擾」という事件も起きている。これは九州攘夷派・草莽・浮浪・僧侶などによる、反政府暴動事件である（ただし未遂）。主謀者は豊津藩の除隊兵士と豊前・豊後国内の僧侶たちである。これに九州各地の攘夷派や山口藩の脱徒などが関与していた。彼らは、豊津藩の兵器を調達し、日田県庁を襲撃する計画を立てていた。この計画に、多くの僧侶が関わっているのは、神道国教化政策（神仏分離、廃仏毀釈）への反発が大きかったからである。
この日田県庁襲撃計画とは、「久留米・熊本両藩それぞれ二〇〇人と豊後諸藩の同志多数が日田県庁を襲撃。戦闘を行っているうちに、久留米藩へ下向予定の政府巡察使『鷲尾殿《マ　マ》』を当地（日田）鎮撫の名目で総大将に担ぎあげ、諸藩に使節を立て糾合し、武力で各地を制圧する」というものだった。この日田県庁襲撃の風聞が、まことしやかに流れた。政府や周辺諸藩にも緊張が走った。

「日田騒擾」計画に直面した参議木戸は、攘夷派と浮浪の目的は、「攘夷を決行して政府を死地に追い込め、西洋かぶれの官員を一掃することにある」ととらえた。そして、「浮浪の徒と僧徒たちは、そのほかの不平輩を嘯集《しょうしゅう》し（呼び集め）、日田県の人民を扇動し一揆を起し官庁を襲い」と、反政府攘夷派らが、農民一揆を扇動しているとみた。そこには、大楽ら脱徒たちも関与しているはずである。こうした木戸の主張を受けて政府は、明治三年年一二月から翌年正月にかけて、とりわけ明治四年正月九日の参議廣澤暗殺事件を契機として、攘夷派への全面的武力弾圧に踏み切ることになる。

結果的には、事前に日田に潜入させた、襲撃計画側の「間諜」が日田県官によって捕らえられ、事件が発覚した。関係者は次々に捕縛され、計画は未遂に終わった。また豊津藩から借用する筈だった武器も、全く手に入らなかった。「日田騒擾」は初めから杜撰な計画で、未遂に終わった。

木戸の認識とは裏腹に、この「日田騒擾」と日田県一揆とは、全く別ものであった。「日田騒擾」に加わった人々の思想や行動と、日田県一揆の農民たちのそれには、全く接点がない。接点がないどころか、それは相反しているとさえいえる。例えば、「騒擾」の目的は日田県庁の襲撃であるが、日田県一揆は「天朝の御庁」である県庁への攻撃は、最初から除かれていた。「騒擾」と「一揆」は相反することはあっても、結びつく要素は、ここでは全くなかった。さらにいえば、大楽騒動と日田県一揆も、何ら直接的関係はない。

日田県一揆の意義

政府内では、特に木戸や廣澤などは、山口藩脱徒や浮浪の扇動によって、日田県一揆が誘発されたと判断していた。政府は直轄する東北と九州の諸県での農民一揆の頻発に加え、山口藩脱徒がこれを扇動することに危機感を募らせた。日田県一揆もまた、政府の根幹を揺るがす出来事だったといえる。日田県一揆が起こると政府は、その鎮圧のために、巡察使（四条隆謌）を派遣した（一二月）。幸い、巡察使が日田に着いた時は、一揆はすでに鎮静化していた。ただ、この巡察使には初めて「天兵」（藩兵ではなく天皇政府の直属軍）が伴われており、政府の危機感の大きさを物語っている。

いっぽう、反政府攘夷派もまた、日田県一揆に注目していた。京都の外山事件の関係者である小和野広人（五条県管下和州宇治郡の人。事件後終身禁獄）は、「日田県の動揺は容易ならざる次第で、全くの百姓一揆ではなく、騎《ママ》兵隊脱走のほか浪士も加わっていて、今にもこの辺（上方）へも押し寄せるような勢いであるらしい」などと周囲に伝えている（明治三年一二月頃）。これは、明らかに過大な評価である。ただ、日田県一揆によせる攘夷派の期待は大きかったし、一揆勃発時は、大楽らが日田に向かっているとの情報もあった。ところが翌年正月になると、「日田県の事情は風聞とは違い、百姓のみの事にて鎮静」（外山事件に関わった、久留米藩士田島清太郎談）と、情報は修正されている。事実としては、こちらが正しい。すでに述べたように、「日田騒擾」も含めて、大楽騒動と日田県一揆には、全く接点はなかった。

ところで、日田県一揆において、竹槍で殺害された日田県大属とは高橋敬一である。高橋は亀川村（現別府市）の庄屋で、帆足万里の門弟である。また、矢田宏とともに毛利空桑の私塾知来館にも入門している。慶応二年には、その矢田宏と長三洲（御許山事件関係者。のち奇兵隊士として戊辰戦争に従軍）を長州に逃がした廉で、日田の獄に繋がれた。つまり高橋は、尊王攘夷派の庄屋であった。毛利空桑の門弟で、矢田宏と昵懇だったことから考えれば、高橋は九州反政府攘夷派に連なる人であった。明治元年にその能力を買われ、日田県の吏員として採用された。翌年には松方知事に従って、東京へ出張している。東京から帰ると、日田県大属に任ぜられた日田県一揆では、県兵一小隊を率い、南津江村に鎮圧に向かった。しかし、県庁に暴民が迫っているという報を得て日田に戻り、そこで殺害された。反政府攘夷派、農民一揆、そしてこの双方と向き合わねばならなかった県官高橋。日田県一揆をめぐっては、複雑な構図も存在した。

ところで日田県一揆は、初代日田県知事松方正義の退任直後（慶応四年六月一一日着任～明治三年閏一〇月民部大丞に転出）に起きている。日田県一揆は、いわば松方日田県政のつけとして発生したといってよい。日田県一揆が起こると、巡察使に従って松方も日田出張を命じられている。松方は翌年起きた福島県騒動も視察したが、その後、府県税目中の雑税廃止を政府に建言している。これまでの府藩県三治制と租税体系は、全面的に改める必要に迫られた。日田県一揆に代表される「天領」での農民一揆は、早期の廃藩置県と地租改正を促す契機ともなったといえる。

（三）岡藩――攘夷派の一掃

勤王家小河一敏と岡藩

小河一敏《おごうかずとし》は、文化一〇年（一八一三）、岡藩（中川氏、外様。およそ七万石）竹田城下（現竹田市）上角《うえつの》に生まれた。二四歳の若さで、藩の会計元締役（財政官）に抜擢されたが、これは藩士のうち「英才なる者」が任命される慣わしであった。小河を抜擢したのは、勤王家の総奉行柳井藻次郎、田近儀左衛門らであった。幕末の岡藩政においては、これら勤王家のグループが一定の力を持っていた。しかし、天保一二年（一八四一）、藤堂家から入った中川久昭が藩主（一二代）となると、久昭は尊王思想を鼓吹する者たちを排除した。柳井、田近らとともに、小河も一時蟄居を命じられた。その後小河は、久留米の真木和泉、筑前の平野次郎（国臣）、肥後の宮部鼎蔵など、九州各地の尊攘派志士との親交を深めた。

文久二年（一八六二）二月、小河は「八か条の建白書」を藩に提出した。ここで彼は、外様小藩である岡藩は、鹿児島藩の支援をとりつける必要があると論じている。大きな軍事力を有する鹿児島藩に随従することで、小藩の命脈を保つというのが、小河の一貫した考え方であった。小河はそれを実践すべく、このあと脱藩して熊本に向かう。そして、尊攘派の宮部鼎蔵や河上彦斎、さらには実学党の横井小楠などとも会った。その後、真木和泉（久留米藩士）や宮部鼎蔵らと天草を経由して薩摩に入り、有馬新七や村田新八らと会う。小河は三月に一旦帰藩し、薩摩との接

小河一敏翁之碑（竹田市岡城趾）

触について藩に報告をした。さらに、同志と共に上洛することを願い出た。

文久二年三月一八日、小河は「名目的脱藩」を許され、上洛することになった。この時、赤座彌太郎（のち大楽源太郎を匿って処罰される）も伴っている。三月二二日、小河は下関で西郷隆盛に面会しているが、その後西郷は小河の最大の支援者となった。三月下旬、京都での倒幕挙兵に加わる覚悟で大阪に着いた。四月になって伏見の鹿児島藩邸に入ったが、ここで寺田屋騒動の顛末を知った（四月二三日）。

五月はじめ、小河は島津久光の仲介で、朝廷へ建白書を提出した。この建白書は岩倉具視らに注目され、尊王家としての小河の評価が朝廷内で高まった。小河の存在は、中央政界でも知られることとなったが、藩主は帰藩を命じた。八月に帰藩すると、小河は城中での禁錮処分を受ける。岡藩は中央政界の動きに疎く、小河が朝廷の圧力による幕政改革（文久の改革）に関与したことを幕府に憚ったからだという。

小河は君臣関係を、刀の柄と刀身になぞらえる。そして君（朝廷）が柄をとり、臣（幕府と藩）が刀となる。その上で一君万民思想を説くが、幕府や藩の存在を否定はしなかった。岡藩については、「幕府への無益な義理立てはやめて、朝廷への忠節一筋の行動をおこすべきである」と説いた。小河を核として、先にあげた赤座彌太郎や田近陽一郎（田近儀左衛門の子）、矢野勘三郎など、勤王家のグループが藩内に形成された。彼らの多くは、のちに大楽騒動に関与することになる。小河と岡藩の勤王家グループは、藩論を尊王へと喚起する役割を担った。ただ外様の小藩である岡藩は、勤王と佐幕のあいだで揺れ動いたというのが現実であった。

小河は鹿児島藩、中でも西郷とも親交が深く、幕末の朝廷内での存在感も大きい人物となった【写真】。新政府成立後、太政官に出仕し、参与となった（慶応四年四月）。その後、大阪府判事、堺県知事、宮内大丞などを歴任した。ただ維新後、大久保利通は小河を疎ましく思っていたようで、小河は「明治の大獄」で中央政府から排除される。

岡藩と大楽騒動

文久二年（一八六二）に、小河が河上彦斎（高田源兵）に面会したことは、すでに述べた。正確には、薩摩に入った小河が、その帰途に熊本で河上と会った（同年三月）。河上はこの時、「いよいよ上方にて義挙これある筈にて御座候」と、京都での倒幕挙兵の話を小河から聞いている（挙兵は寺田屋騒動でつぶされた）。小河も急いで帰藩する途中だったらしく、詳しいことは紙面にて知らせる約束をして別れた。このように、河上（高田）と小河を通じた岡藩尊王攘夷派と鶴崎の結びつきは、このときからはじまっている。地理的にも岡藩は熊本藩に隣接し、大野川を通じて鶴崎と繋がっている。鶴崎は大野川河口の三角州にある街だが、中流にある岡藩の河港犬飼《いぬかい》（現豊後大野市）との間は、舟運によって行き来が頻繁であった。

明治三年五月に熊本藩で実学党政権が成立し、藩内攘夷派（肥後勤王党など）への弾圧がはじまった。また山口藩からの脱徒取締りの圧力も強くなり、五月頃には鶴崎における脱徒の潜匿が難しくなった（第一章）。その後高田は、岡藩に大楽らの潜匿を依頼した。明治三年五月上旬、高田は藩用で熊本に呼ばれたが、このとき大楽らを岡藩内に移すよう、毛利羆《きくま》に相談した。そして羆の父毛利到（空桑）が、岡藩協力者への添え書を認め、大楽ら一〇名を「田中村一向宗最上寺《ママ》（最乗寺）へ向かわせた。いっぽう品川省三ら七人には、高田自身の添え書を持たせ、久留米の古松簡二の所に向かわせた」（「高田糺問書」）。

岡藩内で、大楽らの潜匿の役割を担ったのは、赤座彌太郎や角石《ママ》（門石）虎三郎ら、岡藩の攘夷派である。赤座によれば、大楽が来たのは六月二日だったという。そこで委細相談し、以後「豊後国内処々に潜匿し居りたり」という。「豊後国内」とあるが、岡藩内の数箇所を移動しながら、潜伏していたものと思われる。高田は、田中村の最乗寺（現豊後大野市大野町）に向かわせたといっている。これについては、脱徒らが強奪した「軍資金」の使途を、最乗寺の大楽らと協議したことをすでに述べた。一時、大楽らが最乗寺に滞在したのは間違いない。

赤座はまた、「九月十七日、久留米藩の古松簡二なる者が、杵築藩守口如瓶（恕瓶とも。小串為八郎の変名）とともに彌太郎の門を叩き、大楽に面会して自首を勧めたが、大楽はこれを聴かなかった」とも述べている。これは何を意味するのか。実は古松は、奇兵隊には有能な人物はないと、常々思っていたらしい。そして脱徒には自首させて山口に返し、助命の道を開くことを主張していた。のちに古松は、自身の「上申書」でも「豊州杵築小串為八《ママ》（為八郎。小串については後述）

を訪れ、脱徒の潜伏所へ共に行き、自首を勧めたが、私の気持ちは通じなかった」と述べている。しかしこの古松の「脱徒助命論」は、脱徒からも、脱徒を匿い支援する久留米藩の攘夷派、例えば古松の影響下にある応変隊士からも支持されなかった。古松の信用は地に落ち、彼は一時藩外に去らねばならなかった。竹田でも古松は、大楽にそっぽを向かれたわけである。

「男爵安場家文書」（『国事十』）（安場保和は熊本藩士）に出てくる、大楽の岡藩内での潜伏先は、「竹田　県令、同所　大楽潜伏此家ナリ　赤座彌太郎、同所　醤油屋」「豊後竹田ノ矢野勘九郎《ママ》」とある。このうち「県令」とは、誰を指すのか。廃藩置県前であるから、岡藩に「県令」はいない。堺県知事を務めた、小河一敏を指すのかも知れない。小河も大楽騒動では、関係者として捕縛されている。ただしこの時は、宮内大丞で、竹田にはいなかったはずである。「矢野勘九郎」は、矢野勘三郎であろう。矢野は竹田玉来《たまらい》の豪商（屋号は松屋）で、私財を投じて勤王家を支援した。その立場と役割は、高杉晋作らを支援した下関の豪商白石正一郎を想起させる。矢野の家には多くの志士が逗留し、松屋は「浪人問屋」ともいわれた（なお、醤油屋は不詳）。

取締り強化と大楽の久留米潜入

後年の回想ではあるが、「この間大楽は新政府官憲追捕の眼を避くる為、永く一所に停在する事をしなかった。即ち彼等は大福寺（現豊後大野市緒方町）の外、田中『今の大野町』の最乗寺、及び同村の門石虎三郎（大区制になるや第五大区十小区長、西南戦争にも関係あり）宅の間を去来して居った」という（昭和八年、緒方村長羽田野政男の回想）。大福寺、最乗寺、門石宅におそらく赤座宅も加え、岡藩領内を移動しながら潜伏していたものと思われる。

大楽が岡藩に潜入した翌月の七月一九日、岡藩内各所へ次のような布達がなされた「脱藩、浮浪人取締りのことは、朝廷より厳重な御布告もあって、連々と触れ置いてきた処であるが、近来、名を隠し流寓している者（浮浪や脱徒）も少なくないので、自然藩内にも入り込む事も計り難い。万一、右のような者を見かけたならば、必ず申し出ること。また道中で不審者に出会ったならば、出処を問いただし、不審ならばすぐにその筋（役所）に届出よ（後略）」と。

こうして、益々脱徒や浮浪の徒への取締りは強化された。さらに八月九日にも、「山口藩脱徒の者が豊後七藩に潜伏しているので指し押さえる（捕縛する）ように、御使者（山口藩の使者か）から依頼があった。浮浪取締は、先に布達したように、いよいよ厳重に心得て、不審者をみたならば速やかに役所へ申し出よ」と、矢継ぎ早に同様の布告が出された（『旧藩事蹟調岡県』）。こうして、岡藩内においても、もはや大楽の潜匿は難しくなった。

九月一七日、古松簡二と小串為八郎が竹田で大楽に面会した。大楽に自首を促すためであった（大楽は拒否）。しかし古松はこの時、大楽受け入れ体勢ほか、久留米藩内の状況についても語ったであろう。この面会の直後、大楽は竹田を離れ、日田を経由して久留米へ向かったものと思われる。大楽が久留米に潜入したのは、九月中旬から下旬頃である。

攘夷派の捕縛と一掃

明治三年一一月一七日に始まった、大規模な日田県一揆を鎮圧するため、政府は巡察使四条隆《たか》謳《うた》と兵部省の直属軍を日田に派遣した。一二月二一日、一行は日田に到着したが、一揆はすでに鎮静化していた。巡察使の主な派遣目的は、日田県一揆の鎮圧であったが、脱徒および浮浪の取締も同時に行われた。

一二月二四日、まず岡藩の赤座彌太郎が日田県に呼び出され、喚問を受けた。二七日、日田県庁での取り調べで、政府官員が大楽を「天下の大罪人」と決めつけたことに対し、赤座は「つとに勤王のため事を挙げ、一敗してここに至る。その情愍《じょうびん》すべし（その心を不憫に思うべきである）」と、堂々と反論したという（佐藤成朗）。赤座が日田に呼び出されたその翌日、最乗寺住職是中、岡藩士門石虎三郎、矢野勘三郎らも、脱徒を匿ったと藩に自首した。彼らは日田に護送され、弾正台（司法、裁判をつかさどる。巡察使とともに日田に出張）の喚問を受けた。この時は喚問ののち、いったん帰郷を許された。農民一揆の鎮圧が、巡察使の主要な目的であったためであろう。巡察使も翌年早々、日田を引き上げた。

ところが巡察使は、明治四年二月に再度派遣が決まる。この時は、山口藩脱徒や浮浪の取締り、九州攘夷派の弾圧、攘夷派の拠点と見なされた久留米藩の制圧などが目的であった。明治四年三月一二日から一九日にかけて、巡察使による日田県近傍諸藩知事の喚問がおこなわれた（これを「日田会議」ともいう）。ここでは、①朝綱（朝廷の意向、大綱）をどのように心得ているか、②平素士民への説諭はどのようにしているか、③浮浪の取締りはどのようにしているか、の三点が問われた。

岡藩からは、知事中川久成と小原正朝（奏任出仕）が呼び出しに応じ、喚問に答えた。この時知事中川久成は、赤座彌太郎らが脱徒を匿ったことについて、「右のような心得違いの者を出来させたのは、畢竟《ひっきょう》、平素から申し示し方が不行き届きで、かつ取締り向きも急に行ったため、容易ならざる事件に立ち至りました。この点については、深く重く恐懼《きょうぐ》しております」と陳謝し、遺憾の意を表した（『旧藩事蹟調岡県』）。さらにこの時、岡藩は山口藩脱徒の逮捕を一層強く求められたという。その後、巡察使の命令で、岡藩は赤座彌太郎・門石虎三郎・矢野勘三郎・矢野東・最乗寺是中・大福寺母山の六名を、脱徒を匿ったとして逮捕し日田県に護送した（三月）。四月には、高山左膳が自首し、田近正徳も巡察使に召喚された。このふたりもまた、脱徒と浮浪を保護したとして責任を問われた。

明治三年一二月四日、司法省から赤座・高山・田近の三人には禁獄三年、門石・是中・母山の三人には禁獄一〇〇日、矢野には禁獄九〇日がいい渡された。赤座の罪状は、「右の者、重き御布告の旨に反し、山口県脱徒を潜伏させ、その上金子を貸し与えたのは不埒《ふらち》であるので、庶人に下し（士籍剥奪）禁獄三年」というものである。なお、当時宮内大丞であった小河一敏も東京で捕縛され、一時拘禁された。小河は処罰を免れたが、以後公職から離れた。こうして岡藩の主要な攘夷派は、表舞台から一掃されることになった。

（四）杵築藩――「久留米藩同様の落度」

杵築藩（現杵築市および国東《くにさき》市域）は、豊後国国東郡および速見《はやみ》郡の一部を領有した譜代の小藩である。藩主ははじめ小笠原氏であったが、のち能見《のうみ》松平氏となり廃藩置県に至る（石高はおよそ三万二〇〇〇石）。同じ譜代大名である大給《おぎゅう》松平氏が府内藩（現大分市および由布市域）を治めており、豊後国の譜代大名は二家であった。そのため、江戸への参勤に際しては、同時に両藩主が国元を明けないという「御在所交代」（交互に参勤）という方式をとることとなった。そういう意味でも、幕府にとって杵築と府内の両松平家は、豊後国のみならず、幕府の九州支配における重要な藩屏（防波堤）であった。

元治元年（一八六四）の第一次長州征討では、杵築藩に長州藩江戸屋敷受け取り命令が出された。杵築藩はこれを受け取り、長州藩邸内にあった祖霊廟（歴代藩主の霊を祀る社）を焼いたという。ただ第一次長州征討では、長州藩が幕府に恭順の態度を示したため、軍事衝突は避けられた。慶応二年（一八六六）の第二次長州征討では、杵築藩は六月に小倉へ出兵している。この時、杵築藩は九州諸藩とともに長州軍と戦火を交えている。しかし小倉戦争では長州勢が有利に戦いを展開し、幕府軍は総崩れとなり、小倉城は焼失（小倉藩兵による自焼）した。杵築藩も退却したが、杵築城下では、「先の第一次長州征討の時に長州藩江戸屋敷の祖霊廟を焼いたので、長州藩兵が杵築城下を襲撃する」との流言が飛び交い、藩内に緊張がはしった。このため杵築藩は、士分で一五歳以上の男子は籠城して防御にあたることが決定された。

杵築藩は、地理的には周防灘をはさんで、山口藩と向かい合っている。第四章で取り上げたように、杵築藩領の姫島は、国東半島の北方に浮かぶ島である。ここは古来、周防との人の往来が頻繁であった。『旧藩事蹟調杵築県』には、「姫島は防州と海上わずかに十数里、脱徒の九州往来する者姫島に宿し、それより旧管内通行、寺院あるいは民家に止宿することもよくあった。（脱徒を）止宿させた者共は、それぞれ日田に呼び出され、処分を受けた」（『杵築市誌資料編』）とある。杵築藩は、脱隊騒動の影響を直接受けた藩だといっても過言ではない。

「大楽党」小串為八郎

杵築藩士小串為八郎（変名守口如瓶、恕瓶とも）は、大楽騒動に関与し、禁獄五年に処せられた。小串が古松とともに岡藩の赤座の元へ行き、大楽に自首を勧めたことはすでに述べた。小串とはどのような人物か。

小串は、天保一三（一八四二）年、杵築城下に生まれた（小串小左衛門の第三子）。堂々たる偉丈夫で、剣術にも長けていた。元治元（一八六四）年、藩を離れて毛利空桑の門に入った。その後、諸方を転々とし、一時長州の奇兵隊に身を投じたという。ここで各地の志士と交友を重ね、勤王の志気を鼓舞した。小串はしきりに長州藩に出入りし、その行動も往々にして過激であった。そのため杵築藩は、幕府の忌諱に触れることをおそれ、彼の行動を抑えた（杵築藩は譜代）。戊辰戦争では、藩の上士の内諾を得て上京し、東征軍に加わった。ここで小串は錦旗奉行に命じられ、ついで軍監となり東北各地を転戦した。凱旋後は、朝廷ほか各方面からの恩賞を得たという。小串もまた、毛利門下の尊攘派活動家であったことに注目したい。

明治三年八月、小串は山口藩庁に赴いている。杉孫七郎の野村素介あて書簡に次のようにある。

「(前略)当節、大楽源太郎等四十人ほど、豊後杵築藩内に潜伏していると、同藩の小串為八郎という者が、来鴻(鴻城のある山口をさす)して話をしたので、早速逮捕の人数を差し越した」と(八月三日付、『材料』)。小串は山口藩庁に行って、大楽ほか四〇人ほどが杵築藩内に潜伏していることを、知らせたのである。これはどういうことか。小串は古松とともに「脱徒助命論」を唱え、脱徒に自首をすすめていた。脱徒の潜伏を知らせたのは、その一環だと思われる。ただしこの頃、大楽は岡藩に潜伏しており、杵築藩内にはいないはずである。これは山口藩の関心を強く引き出すための、詭弁ではないかと思われる。

杉は続けて「元来小串という者は、関東戦争の時、軍監を命じられ御賞典二百石を下賜された者らしい。しかしこの者は、大楽党に与し、彼を信じて御国(山口藩)を説得に来たように見うけられる。種々議論に及び、大楽の説を主張し容易に承伏しない。こちらからは良きほどに申し置いて、彼が帰藩しない間に杵築藩に逮捕の人数を差し向けたので、多分大楽党はこちらの手に落ちると思います」と書き送っている。杉は小串の正体と魂胆を知っているようである。

「天朝之御処置」の誓詞

小串の談判の対応をしたのは、北川清助《せいすけ》であった。北川は、小郡宰判最後の代官で、脱隊騒動では小郡が戦乱の中心となったため、その鎮圧に尽力した。小串はこの時、「脱徒の潜伏所の探索と脱徒の悔悟(「自首」と同義)と帰藩を説諭したい」と申し出た。北川に異存はなく、「そのようにお願いします」と依頼した。ところがこの時、小串と山口藩の三分一新五郎および瀬原泰藏との間で、「可奉窺天朝之御処置抔之誓詞」（「天朝（天子、天皇）の御処置などを窺い奉るべき誓詞」）が取り交わされた。この天皇の御処置とは何か。おそらく、奇兵隊ほか諸隊の反乱に義があるかないか（正しいのか否か。いわゆる「曲直」）の判断を、天皇に仰ぐという意味だと思われる。

脱隊騒動が起こると、大義は脱隊した諸隊にあるのか、それを鎮圧しようとする山口藩にあるのかが議論になった。高田源兵は、熊本藩兵を率いて山口に赴き、両者の調停を試みようとした。それが実現すれば、義はどちらにあるかを朝廷に求めようとした。また、調停を念頭に下関まで視察に来た（二月九日）、西郷隆盛も同様の考えを持っていた。いっぽう、木戸孝允は、調停は脱隊騒動への介入とみて、これを拒否した。木戸は、脱隊騒動はあくまで山口藩兵の反乱事件として、山口藩の手による徹底鎮圧をめざした。木戸が恐れたのは、調停によって天朝の判断を仰いだとき、脱徒に有利な裁定が出かねないことであった（第四章）。実際、西郷や高田はそれを期待していた。小串が山口藩と取り交わした「誓詞」は、これと同じ考えに立ったものである。

山口藩は九月になって、小串個人ならびに杵築藩に対し、この「誓詞」の無効を一方的に通告した。このとき、「三分一と瀬原両人は、自己の了見」で取り交わしたもので、これは「藩庁が決定し申し付けたものではない」ので、「お取り消しください」と書面を書き送った。また日田県に対しても、この一件を報告していることが注目される。ここでは「柳川藩北畠楯雄、杵築藩空斎」と誓詞を取り交わしたとしている。この「北畠楯雄」と「空斎」両名の詳細は不明であるが、柳河藩の攘夷派も杵築藩に加担していた可能性もある。いずれにしても山口藩は、誓詞の交換を「実に不束《ふつつか》千万」であり、「他日不都合の儀が生ずることも計り難く」と、やっきになって取り消している（『材料』）。

杵築藩に対する処置

小串の行為は、杵築藩に公認されたものだったかは判然としない。のちに大分県に提出された『旧藩事蹟調杵築県』（大分県立図書館所蔵、明治八年）では、「為八郎粗暴の性質につき、右の者へ（山口藩が）周旋を頼んだかどうか、念のため使者を山口に使わしたところ、誓詞は出先の者の心得違いだったので取り消したとの回答があった」としている。これが正しければ、小串の行為は独断だったかもしれない。

明治三年一二月、日田に弾正台と巡察使が出張してくると、小串は喚問のため日田に護送された。これをみても、小串の動きは独断だった可能性が強い。結局翌年、小串（判決文の氏名は「守口如瓶」）には禁獄五年という重い処分が下された。判決文には、「右は重き御布告の旨に悖《もと》り（反し）、山口県脱徒を潜伏させ、或は金子等相与へ、そのほか如何の周旋致し候《そうろう》始末、不埒に付、庶人に下し（士籍剥奪）禁獄五年」とある（「不良徒処置一件伺」）。

いっぽう、明治四年に巡察使が再派遣されると、例の「日田会議」において、杵築藩も脱徒潜匿の責任を厳しく追及された。久留米藩と柳河藩の処分（後述）も終えた後、明治四年の三月、巡察使は浮浪の絶滅と朝権確立を目指して政府に数項目の建言を行った。その中に杵築藩の処分についての一項があるが、そこには「杵築藩の罪は、久留米藩ほどではないが、中身は同じである」という、厳しい文言があった。続けて、「杵築藩は、脱徒たちの「暴挙恢復論」（山口藩の権力を奪取する計略）を知りながら、取締りの布令を軽んじ、脱徒らを取り押さえることもなかった。これは大参事中根真澄の専断というが、藩を挙げての落ち度である」と断じ、「処分を検討願いたい」とした。杵築藩が久留米藩のような厳しい処分を受けることはなかったし、中根も処罰を免れている。しかし、巡察使が日田に滞在していた時期、姫島をはじめ杵築藩の周辺には熊本藩や中津藩が、警備を名目に出兵している。杵築藩への圧力だったといわれる。二豊の小藩は、巡察使の派遣によって「列藩震慄」という状況にあった。中でも杵築藩は、久留米藩同様の「存亡の危機」に陥ったともいえるのである。

（五）久留米藩――「久留米藩難事件」

久留米藩と大楽騒動

幕末の久留米藩は、「親幕」（佐幕）の態度を一貫して維持し、開港政策を採り、殖産興業政策をすすめた。しかし慶応四年正月の鳥羽・伏見の戦いで、新政府軍が勝利すると、それまで抑えられてきた「明治勤王党」と称される尊攘派が直接行動に出る。同年二月一六日、藩政を主導していた参政不和美作《みまさか》（正寛）を襲撃し殺害したのである。事件の中心となったのは、佐々金平、小河真文、島田荘太郎ら、中士の青年層であった。この事件は、藩論を勤王＝王政復古へと転換させるクーデターであった。事件後、尊攘派の水野正名《まさな》が参政（のち大参事）となり、佐幕派は粛清された。水野政権のもとで、奇兵隊をモデルに、武士・農民・町人混成の応変隊などが編成された。

山口藩で脱隊騒動が起きると、脱徒が九州・四国各地に逃げ込んだ。早くも明治三年三月頃には、久留米藩へも脱徒が潜入した。脱隊騒動の「巨魁」と目された大楽源太郎が、岡藩を経て久留米藩に潜入したのは、九月の中旬から下旬頃とみられる。この大楽の久留米藩潜入が、「久留米藩難事件」のはじまりである。久留米藩による大楽潜匿が、政府の久留米藩攻撃の恰好の口実となったからである。

大楽は、古松簡二を頼って久留米に潜入した。正確には、鶴崎の高田源兵から古松への添え書を持った脱徒がすでに久留米に潜入しており、それを追って久留米に入った。大楽の久留米での目的は、いうまでもなく脱徒を糾合して長州藩の「回復」を図ることであった。明治四年二月はじめころ、外山事件（外山光輔らの反政府謀略。後述）関係者が久留米に潜入し、大楽や小河と会見した。そのとき大楽は、次のように述べたという。「今般の一挙は、先ず山口藩に打入り、奸人どもを残らず討斃し、元の長州（攘夷を実行する長州藩）に回復させ、そうすれば天下の有志も残らず集るだろう。その上で、還行の事（天皇を京都に連れ戻す）も謀り、続いて攘夷の機会にも立ち至るに違いない」と（佐藤成朗）。

大楽は、久留米藩内各地を転々としながら、久留米藩士らとともに様々な画策を行っている。例えば明治三年閏一〇月、大楽は庄島村（現筑後市）の庄屋寺崎三矢吉宅で小河真文と会見（寺崎は、久留米藩攘夷派内でも政府との徹底抗戦を唱えた人物）し、長州藩回復のため、久留米藩の助力を依頼している。明治四年二月には、府中町（現御井町）宮川渉（医師）宅で小河真文・立石庄助（津山藩の人）・寺崎三矢吉らと、全国挙兵の密議を行っている。

ただ久留米藩において、大楽の評価は分かれた。古松は、「脱藩人（脱徒）には人物は一人も無い、回復の見込みは到底立たぬといって、大楽等を歯牙にも懸けずに居つたから、回復の事には余り深入りする模様は無く、唯潜匿をさせるといふ工合であつた」（川島）。久留米に逃れた脱徒に手を焼いた古松は、長崎に出張中だった弾正大忠渡辺昇《のぼり》に寛典措置（自首をした脱徒の助命）を請願し、大楽にもそれを勧めた。大楽は「悔悟謝罪などはもってのほか」と激怒し、古松の勧めを拒否した（古松はこの件で、久留米攘夷派同志の信頼を失う）。大楽を熱心に庇護したのは、小河真文や寺崎三矢吉らであった。しかしその寺崎に対し中村六蔵は、「大楽源太郎は役に立たぬ男である。ただ兵隊中において読書でも教授させるのならよろしいが、決して将帥（指揮官）になれる人物ではない」と、忠告とも受け取れる発言をしている（「中村口述」）。中村の大楽の人物評価は低いのだが、これは古松の大楽評の受け売りだとも考えられる。いずれにしろ大楽の存在は、結果的には久留米藩の存亡にかかわるほどの「重荷」となってしまう。

両筑三藩（福岡・久留米・柳河藩）と山口藩

山口藩の脱徒は、筑前福岡藩にも潜入した。当然、山口藩はその事実を察知しており、「直ちに人数を派遣して受け取りの談判をしたい」と申し出た。ところが福岡藩では、「兵隊が殊の外沸騰（反発し騒ぎとなっている）し、福岡藩庁に迫り、引き渡し拒否を主張した。藩庁も議論を一決しがたく、ついに天朝へ伺いをたてて判断したい」として、脱徒の引き渡しを事実上拒否した。

山口藩から脱徒を引き取りにいった山口藩兵も、結局、空しく「天朝の裁定を待つしかなかった」という。ここでも「天朝の裁定」が重要な意味を持ち、脱徒引き渡し拒否の論理となっている。またこの脱徒引き渡し拒否に関して、福岡藩から鹿児島藩へ、周旋（仲裁）を依頼したという。ただ鹿児島藩は、「周旋」を断っている。いっぽう、大楽は今後もしばらく、久留米に留まるだろうが、「よほど久留米藩と柳河藩ほか（九州各地に）脱徒の助命論が根強くあるようだ」と、熊本藩の探索方はみている（『国事十』）。

このような、九州各藩の態度に対し、山口藩は態度を硬化させた。そして、山口藩の全兵力を挙げて、各地の浮浪・脱徒を平定したいと、朝廷に建白する（明治四年正月二八日）。その建白書には、「就中、九州辺の頑陋《がんろう》の者は、朝廷の御旨意を察せず、みだりにその偏見を主張し、今日の国是、御政体を腹非（批判）する者が少なくない。既に久留米藩内において、現在脱隊の首魁たる者（大楽）を隠していることは、当藩（山口藩）より探索し捕縛するところであったが、誤って取り逃がした。しかしその後もなお、久留米藩に潜伏させていることは、いったいどのような藩論（藩の方針、考え）であるのか」と、厳しく久留米藩を糾弾している（『国事十』）。これは最早、山口藩の久留米藩への宣戦布告だといっても過言ではない。もちろん、このような攻撃的な建白書が裁可されることはなかった。しかし明治四年三月に久留米藩は、政府が再度派遣した巡察使率いる山口・熊本両藩兵に包囲されることになる。

「久留米藩難事件」とは何か

明治二年、既に木戸孝允は、「久留米、肥後二藩、尤も（最も）巨魁と相見え申し候」と、久留米藩と熊本藩が、反政府攘夷派の拠点になっているとみていた。脱隊騒動後の明治三年五月六日付、木戸から大久保宛書簡には、「久留米藩一藩中の様子は、始終朝廷御主意に悖り（逆らい）、従って、浮浪之者も少々入込んでいる。此風が、豊後辺之小藩へも波及しているように聞いています」とある（『木戸孝允文書』）。久留米藩の状況を放置しておけば、その悪影響は、豊後のみならず九州一円に波及する恐れがあった。明治三年一一月一七日、日田県一揆が起こる。日田県は、脱徒や浮浪の動きが一揆を誘発しているとみていた。木戸もまた、両者は連動しているとみて、強い危機感を抱いた。さらに木戸は、久留米藩が脱徒や浮浪を匿い、彼らが豊後小藩の間を行き来しているとみた。

明治三年一二月、巡察使の一回目の日田県出張が命じられると、木戸は巡察使による久留米藩の制圧を期待した。しかしこの時の巡察使の主要な目的は、農民一揆の鎮圧にあった。木戸の期待とは裏腹に、巡察使一行は翌年正月に、久留米藩や柳河藩を視察しただけで引き上げてしまう。その後、久留米藩を批判する、さきの山口藩の建白書が政府に提出される。しかし政府は、これを取り上げなかった。しかし二月一四日になって、再度巡察使の派遣が決定される。背景には、参議木戸の強力な働きかけがあった。そして今次の巡察使の目的は、脱徒および浮浪の取締りと、その拠点となっている九州諸藩、中でも久留米藩の処分であった。巡察使の出張に伴い、鹿児島・山口・熊本の三藩に親兵の編成が命じられ、続いて高知藩には予讃（愛媛・香川）出兵令が出された。

この高知藩を含めた四藩は、政府に建言書を出す（二月一八日）。そこには軍事力による「攘夷派」の根絶が宣言されていた。この頃木戸は、久留米・福岡・秋田の三藩の徹底弾圧を決意していた。二月二九日、政府はついに、久留米藩処分の断行を決定した。

三月一〇日、巡察使四条隆謌が日田に到着した。これと同じ日に東京では、政府が在東京の久留米藩知事有馬頼咸《よりしげ》、権大参事吉田博文らの処分の手筈を整える。その後、前橋・津和野両藩に東京の久留米藩邸を警備（包囲）させ、「御不審之筋」（大楽ら脱徒を匿った嫌疑）により知事謹慎という、太政官の達書が手渡された。三月七日からは、政府内で攘夷派に同調する官員（官僚）の一斉弾圧も始まっている。

一般に「久留米藩難事件」というが、全国の攘夷派の一斉弾圧も平行して実施され、政府の攘夷派に対する反転攻勢の一環であった（いわゆる二卿事件（後述）もこの時の出来事）。いっぽう累が旧藩主（藩知事）に及ぼうとしたとき、久留米藩攘夷派は追い詰められる。そして、これまでの大楽保護から、彼の殺害へと方針を転換する。いうまでもなく、大楽の存在自体を消し、口封じも含め、累が旧藩主に及ぶ事を避けるためである（浦辺）。大義を掲げて、薩長中心の政府を改革する「国事」に奔走した久留米藩攘夷派は、結局、自藩の枠を超えることができず自壊した。

三月一三日、巡察使に召喚された水野正名（大参事）、小河真文・沢之高（小参事）の三人が善導寺で逮捕された。一六日、大楽を含む四名が殺害（ひとりは自刃）される。二三日、家中一統に閉戸が命じられ、その後四月まで関係者の逮捕・謹慎処分が続く（その数およそ七〇名という大量処分となる）。三月二五日、巡察使井田参謀と「親兵」（約四〇〇人）が高良山に布陣。翌日までに、久留米藩の大楽と脱徒潜匿関係者の多くが自首した。

だが、関係者だけの逮捕、処分では事は終わらなかった。巡察使による「久留米藩処分」の基本方針は、まず山口藩脱徒らの、長州藩回復と政府転覆陰謀計画を支援する政治勢力の中軸が久留米藩であると断定。その上で、藩知事免職、藩官僚すべての免職、租税徴収権の剥奪、藩常備兵の解体を断行。これに代わり、天皇の軍隊（「天兵」）と官僚によって藩政を掌握するというものであった。すなわち久留米藩の解体・否定＝「廃藩」という筋書きであった。現実的には「廃藩」は実行されなかったが、七月の廃藩置県を前に、久留米藩の「廃藩」が先行して企図されていたことは、極めて重要である。

なおこの事件で久留米藩では、小河が斬罪、水野・吉田・古松・寺崎三矢吉が無期禁獄となっている（その他は省略）。

古松簡二の久留米帰還

さて、「久留米藩難事件」の概要を踏まえたうえで、事件以前に時間を少し遡る。ここからは、中村六蔵の体験を通してこの事件をみていきたい。中村は熊本藩士であるが、久留米藩の内側から事件を目撃、体験している。ここでは多くを「中村口述」に依拠しているが、事件の状況が解りやすいように、部分的に筆者が加筆、説明していることを断っておきたい。

明治三年七月、鶴崎の有終館が閉鎖される事が決まると、中村は鶴崎を離れ東京へ向かった。その当時、東京で反政府攘夷派の拠点となっていたのが、赤羽にあった久留米藩邸であった。中村もまた、吸い寄せられるように、久留米藩邸に出入りするようになった。そして、藩邸内の「古松簡二宅」でしばらく厄介になった（古松については第四章参照）。

明治三年一二月一〇日頃、古松に帰藩命令が出た。古松は大楽に自首を勧めた件で、久留米藩攘夷派仲間の信頼を失い、逃げるように上京していた。そこに日田県一揆と脱徒の鎮圧にあたっていた河野敏鎌《こうのとがま》弾正少忠が、脱徒潜匿の嫌疑を古松に掛け、その尋問を久留米藩に要求した。そのため久留米藩庁から、古松の召還命令がでたのである。中村は、古松への帰藩命令を、藩邸内で聞き及んだ。中村はちょうどその頃、九州を遊歴したいと思っていた（実際には久留米藩の義挙に参加し、攘夷の宿志を遂げようと思っていた）。中村は古松と親しい岡崎恭助（土佐脱藩士）の仲介で、古松に同伴して久留米まで赴くことになった。一二月半ば、古松と中村は連れだって、東京を発った。東京を出る前、岡崎は中村に次のように語った。「近頃久留米では、小河真文の同志たちが、挙げて古松は同志の主義に「反覆」する（裏切る）として、強く古松を嫉視し、古松の親族に対しても冷たく接していると聞く。今回、幸い君が古松に随行してくれることになった。さすれば小河たちに、古松は裏切ってはいないことを弁解し、その誤解を解いて欲しい」と。中村はいうまでもなく、これを快諾した。

「町人の風体」に変装した岡崎が、横浜まで見送りに来てくれた。旅店に入ったが、出航まで時間があったので、三人は写真師を尋ね、記念写真を撮った。それぞれの胸に、何か期するものがあったのであろうか。

古松と中村は横浜を発ち、神戸を経由して、二昼夜を経て長崎に着いた。長崎では、久留米藩の定宿である銅座町の「油屋」に二日滞在した。二日滞在したのは、古松が高名な勤王家岡田嘯雲《しょううん》（長崎の儒学者で医師。多くの尊攘派の志士と交友があった）に面会するためであった。その後ふたりは長崎を発し、諫早から船で有明海対岸の若津（現大川市）に渡り、古松御用達の「湊屋」に止宿した。古松は久留米に着いて、すぐには自宅へ向かわなかった（下僕に様子を窺わせた）。それは古松が、反対派（小河真文グループ）に襲われる危険性があったからであろう。さきに岡崎がいったように、古松は裏切り者と思われていたからである。

この「反覆」（裏切り）とは何か。古松は一時久留米を離れ上京したが、それは古松が「脱徒助命論」を唱え、脱徒に自首させ山口に返すべきだと主張したからである。しかし本音はといえば、古松は久留米における脱徒の多さに手を焼いていた。明治三年八月には、寛典措置の請願を行い、大楽に自首を勧めた（大楽は拒絶）。いっぽう久留米藩攘夷派の多くは、脱隊騒動の「大義」は奇兵隊ほか諸隊にあるとみて、大楽ほか脱徒を手厚く匿っていたのである。もともと「藩を土台に」政府と対峙しようとする小河真文と、「草莽の力で」という古松の間には、政治路線の対立もあった。明治三年一〇月上旬、古松は久留米を離れ上京した。久留米藩攘夷派は、古松の上京を裏切りとみて激怒した（遠矢）。

さて一二月二〇日過ぎ頃、古松は久留米に入った。そして上京前に寓居していた「半隠園」という離れ屋にようやく戻った。しかし、待っているはずの者たち（仲間や親族）が誰もいなかった。古松は立腹したが、間もなく彼に近しい者たちが現れ、「子細があって、このような不都合になった」と詫びた。その後、一行は古松の妻の兄である末安治作宅に移った（末安は水天宮の社人）。古松と中村は、しばらく末安宅で過ごすことになる。

「疑団」氷解

明治三年一二月二四〜五日頃、古松は日田県に召喚された。早朝の出発だったが、古松を見送る者はなかった。古松が事前に、「誰も見送るな」といい置いていたからである。中村も、見送りには出なかった。古松には、それなりの覚悟があったのであろう。しかしこの時は、古松は二八日（二九日とも）、無事に帰還した。古松が乗った駕篭には、一羽の鶴が結わえ付けてあった。その鶴を料理したのは中村だった。鶴の肉の一部は、古松の実家の清水誠庵に贈った。鶴の土産は、無事に帰還した祝いの意味があったに違いない。

明治四年の正月、中村は古松と同道して小河真文のもとに行き、初めて小河と面会した。早速小河から、酒肴が振る舞われた。その席には寺崎三矢吉もいた。話が進んで、中村が切り出した。「先生方は、古松氏が反覆したとして、痛く擯斥《ひんせき》（排除）しておられるようだが、それはどのような事実に基づくものであろうか」と。すると小河は、「それは疑いのない『事状』があって疑団を生じたものである。だがその話は止めにして、今日は快く酒を飲もうではないか」といい、中村の発言を遮った。そのため中村も、それ以上は何もいわず、酒宴が終わるとふたりはそのまま帰宅した。

その後中村は再び、今度は単身小河宅を訪ね面会した。そして、古松が反覆したのではないということを、懇々と弁解した。すると小河もようやく疑念が氷解したようで、その後、小河の同志輩の古松に対する接し方は、元に戻ったという。古松とその親族も、中村に恩義を感じてか、中村に対する待遇もいっそう厚くなった。

ただこの頃、政府と山口藩の久留米藩にたいする圧力はいっそう強くなっていた。特に参議木戸は、徹底的に久留米藩を追及しようと、各方面に働きかけていた。木戸の当面のターゲットは、秋田、福岡、久留米の三藩であった。久留米藩は、存亡の危機にあったといってもよい。久留米藩内で、攘夷派同士が内輪もめしている場合ではなかった。

中村は、明治四年正月二日頃から、久留米では藩兵の調練が盛んになったという。久留米藩兵は、頻りに大砲や小銃を放って実戦に備えた。もっとも既にこの頃、小河も寺崎も表向きは謹慎中であった。しかし、久留米の藩論は小河のような攘夷派を陰に陽に庇護するものであったから、彼らが誰かに憚るような事もなかったという。いっぽう中村は、「東京にいるときは、久留米藩が近境の諸藩を説き、連合して攘夷主義を政府に迫る勢いだと聞いていた。ところが現実には、山口藩の大楽源太郎以下脱徒を隠匿し、それが政府の嫌疑を来し、その処置に困苦しているというのが現実である」とも述べている。

「化け物」直江精一郎

明治四年二月末か三月初め頃、中村が末安宅を訪問すると、先ほど直江精一郎という者が中村を訪ねて来たという。直江は「豊後七藩遊説」以来の同志で、殊に昵懇の者であった(第二章)。直江は、近くの旅宿にいるという。中村はいったん寺崎三矢吉宅に行き、「彼は同志にて、我が輩を助けてくれる人である」というと、寺崎は「それなら足下、その旅宿に行くがよい」と返した。早速中村は直江を訪ね、互いに酒を酌み交わしながら旧交を温めた。しばらくすると直江が突如、「足下は朝廷のために尽力するのか、それとも賊のために力を尽くすのか」と問いかけてきた。中村ははじめ、この問いかけの意味が理解できなかった。中村は、「自分の素志は、尊王攘夷のほかに他念はない。なぜそのような質問をするのか」と答えた。すると直江は、「いま久留米藩では、窃かに大楽源太郎以下脱徒を隠匿している。源太郎たちは、朝旨に背く逆賊である。私は今、朝命を奉じて、彼らを捕縛するために来ている。足下も私に同意して尽力し、前罪（沢田衛守殺害をさす）を償うべきである。さもなければ、足下もまた捕縛を免れないというではないか。

中村は意表を突かれ、驚愕した。しかし今、直江と論争しても仕方がない。いずれ、直江は必ず自分を捕縛するだろう。そこで中村は直江を欺くために、「それなら自分は、源太郎以下の所在を捜索して密告しよう。足下はしばらくここで待っていてくれ」といった。そして直江が、酔って眠りはじめたその隙に、中村は立ち去った。そして直ちに小河真文宅に駆けつけて一部始終を告げ、直江は「自分を必ず捕縛するつもりだ」とも語った。すると小河は、「それでは片時も早く、久留米城下を立ち退くべきである」という。さらに中村は小河に対し、「今まで同志と信じてきた精一郎は化け物なれば」といい、「あなたも呉々も御用心ください」と述べた。中村の衝撃の度が伝わってくる。いや「化け物」という表現から、もはや恐怖に近い心境ではなかったかと思われる。

ここで中村は、思い出したことがある。安井息軒の塾にいた明治三年の秋頃の事である（中村が久留米に来る前）。中村は東京の品川で、たまたま直江精一郎に出会っている。しばらく雑話をしたが、その末に直江は、「沢田殺害の件については、足下はとても逃れることは出来まいな」と突然いい、中村を吃驚させた。あの時、品川で直江に出会ったのは、偶然だったのだろうか？もしや、直江は密かに自分につきまとってはいまいか？

とにかく中村は、直ちに寺崎宅に行き、逃亡の手配をして貰った。そして久留米を出て（三月一二日〜一七日の間）、柳河藩領「矢部ノ山中」（現福岡県八女市）や熊本藩領「平山ノ温泉」（現山鹿市）から同藩領野尻（現高森町）、日向国土呂久（現高千穂町）など九州各地を転々とした。土呂久の山中では、農家の養蚕の手伝いをして過ごした。

中村は、直江を「政府の探索者」であると判断した。実際に直江はこの時、弾正台小巡察として雇用されていた。既にのべたように、直江はもともと森藩の密偵である。そして幕末頃、鹿児島藩士と名乗りながら、各地で探索活動を行っていた。鹿児島藩とも深いつながりがあった。直江に限らない、政府と山口藩は多数の密偵を久留米藩や九州諸藩に放っていたものと思われる。因みに直江は、熊本藩と山口藩の藩兵が藩境まで進み、久留米藩を包囲して圧力をかけたとき（明治四年三月一一日）、森藩兵を率い山口藩兵を先導してこれに加わっている（三月二五日）。その理由を中村は、「蓋し森藩は大分より日田を経て久留米に至る沿道の藩なれば、極めて地理案内の為めに出兵の命令を受けたるもののようである」という。直江は、実に様々な顔を持つ。「直江、恐るべし」である。

ところでこの時期、政府も中村の動向を探っていた。先に直江は、大楽潜匿に関連して中村を捕縛すると脅しているが、実は中村は別件で政府に追われていた。それは明治四年一月九日に起きた、参議廣澤真臣暗殺事件の容疑者としてである。巡察使随従を命じられていた山口藩大属山根秀輔が、師富新太郎（久留米藩領本分村庄屋で中村とも面識がある）に出会って中村の所在を尋ねた（三月一九日頃）。すると師富は、「沢俊造（中村の変名）は、故郷に帰ったそうだ」と答えたという（佐藤成朗）。

直江精一郎の証言

中村六蔵が、直江精一郎に久留米で出会った事については、直江の「証言」もある。廣澤真臣暗殺事件の容疑者として、熊本藩は中村の身辺を捜査していた。探索方の荘村省三（熊本藩士、横井小楠の門弟。佐久間象山にも砲術を学ぶ。維新後太政官少史となり諜報活動にも従事）が、直江から証言を得ている。あくまで、廣澤暗殺事件に関する捜査であるが、事件当日、中村が久留米にいたかどうかを確認するために行われた。

それによれば直江は、巡察使が日田に出張したときに、弾正台小巡察として雇用された。そして情報収集のため、久留米城下に入った。そして、「小巡察附属某」という名札を、「旅舎」の門戸に掲示しておいたところ、中村が訪ねて来たという。驚いたのは直江だった。直江が、「もしや君は、沢俊造ではないか」というと、中村は「然り」と答えた。そして、「たまたま君の表札をみてやってきた」という。直江が、「大楽は久留米藩にいるのか」と尋ねると、中村は「確かに久留米藩内にいる。しかし久留米藩の同志が必死で匿っている。昨日はある村にいて、今夜は別の場所に隠す」という。直江は中村に、「大楽の捕縛に協力して欲しい。そうすれば、旧罪（沢田殺害）を償うことができるだろう」と説得した。すると中村は、「自分は今、生活に困窮して飢餓状態である。何事も金次第である」という。そこで直江は中村に、「金八円」を渡した。中村は、「自分が行き来すれば、久留米藩士の耳目に触れる。大楽の居場所を突き止めたら知らせる。それまでは、君に会いには来ない」といって、立ち去った。「この夜、沢（中村）は、久留米を脱出した。この事は、三月十二日の夜半のことである」と直江は証言した。

何とここでは、中村が直江から八円をだまし取って、さっさと久留米城下を去ったというではないか。さきの中村の供述とは、大違いである。どちらが正しいか分からない。しかし、直江が熊本藩の探索方に、嘘をつかねばならない理由はない。しかもこの「証言」は、明治四年の七月から九月頃のものである。中村の供述は明治一二年であるし、彼は容疑者として取り調べられている。ただ、中村が久留米で直江に会った直後（明治四年三月）に、いったん久留米を離れたことは、合致している。

また直江は、古松簡二と中村が、長崎で岡田嘯雲を訪問したとも証言している。であれば中村が、廣澤暗殺事件前後に九州と東京を往復するのは難しいというのである。皮肉にも直江は、中村のアリバイを証言しているのである。ただ、熊本藩の探索方は直江の証言も疑っている。そもそも、直江を紹介した小栗憲一（日田正徳寺の僧侶）は、「直江は変名も八つばかりあって、いささか保証いたしかね候人物。ただ沢（中村）の事は、よく知っている」と、はじめに探索方に対し語っていた（「廣澤参議暗殺に関する探索報告」）。

大楽源太郎誘殺

少し話がそれてしまった。「久留米藩難事件」に戻りたい。大楽源太郎が、筑後川の河畔で殺害されたのは、明治四年三月一六日であった【**写真**】。「中村口述」の供述通りならば、大楽誘殺の時、中村六蔵は久留米にいなかったはずである。肥後国や日向国方面に逃亡、潜伏していたはずだからである。ところが、「中村六蔵水雲事蹟」には、次のようにある。

「ある夜、暗黒に乗じて大楽源太郎を高野浜に送る。蓋《けだ》し源太郎は、筑後川のつなぎ船をひそかに使用して、肥前の領内に渡らんとの考えであった。吉田穂足、太田茂、川島澄之助の三名は、彼が逃亡して官兵に捕縛されるのを防ぐために、先ず浜の付近に至り、おのおの暗中に伏せて、大楽が来るのを待つ。柳瀬三郎、松村雄之進は、大楽源太郎に随伴して、背後より行く。浜の汀《みぎわ》のいたる所に坂がある。源太郎がまさに坂を下ろうとする刹那、柳瀬三郎が後ろからこれを刺した。源太郎は走って水中に飛び込み横にたおれた。松村雄之進が傍らより躍りかかっ

大楽源太郎ら４人の墓（久留米市遍照寺）

てこれを斬り、その足を断った。吉田、太田、川島はその物音を聞いて出てきた。ついに大楽の首級を挙げ、屍体を砂の中に埋めて、一同城中に引き上げた」。

中村が久留米にいた可能性が、全くないではない。しかしおそらく「中村六蔵水雲事蹟」の記述は、色々な資料をつなぎ合わせて、のちに著述されたものと推測される。いっぽう、「中村口述書」の内容は、大楽騒動と自らの関わりを極力希薄にするために「語られた」可能性も考えられる。

（六）柳河藩――「廣田彦麿の党」

柳河藩と九州諸藩

大楽源太郎潜匿をめぐる、山口藩と「両筑（筑前・筑後）」の三藩、すなわち福岡藩・久留米藩・柳河藩との対立についてはすでに触れた。このうち柳河藩（一三万石余の外様中藩、藩祖は立花宗茂）は久留米藩に劣らず、脱徒を擁護し、長州藩の回復によって政府打倒を画策した藩である。『国事十』には、「柳川藩江口瀬兵衛、九州各藩の同志者相謀り、長人大楽源太郎を助け、政府を転覆せんと欲し、在東京の同志廣田彦麿の帰藩を促す」という記事がある。これは、明治四年正月、東京の柳河藩邸の廣田に届けられた密書（明治三年一二月一九日付、江口から廣田宛）が、廣田が不在だったため偶々開封され、内容が露顕した事件である。ここには概略、次のようなことが書かれていた。

「久留米も藩論が一つに帰し、殉国隊・応変隊などは、身命を以て長州を回復させるほかないと決めたようです」「薩摩の国是も『清論（正論）』となり、長州の諸隊を助けて回復の基礎となし、これを天下に押し広めようとしています」「（久留米の）小河君も今月十八か十九日頃、薩摩へ向かうはずです。薩摩のみならず、西肥大村藩、武雄藩、小城、島原藩、豊後国では竹田藩（岡藩）、（豊前では）豊津藩が大いに奮発しています。薩摩藩は来年の二月には、事を起こすのではないかと思われます。そこで長州の諸隊の人々（脱徒）や久留米藩の者などは、是非とも薩摩が動きはじめる前に奮発する覚悟のようです。柳河藩もまた近日は大いに奮発し、兵備の方も整い奮い立っております」と。こうして、「九州中も大いに起き立つ」状況であるとして、廣田に早期の帰藩を促したのである。ただし、柳河藩内では未だ藩論を一定できず、藩論をまとめるには「姦物」を取り除く必要があるとも述べている。「姦物」とは、十時兵馬（攘夷派と対抗する柳河藩実学派のリーダー。この時権大参事。柳河藩では幕末以来、熊本実学党の影響を受けた勢力が政局をリードした）を指しているという。はたして九州諸藩が、しかも鹿児島藩を含めてこのような状況にあったのか。

明治三年一一月に、日田県一揆が起こった。これは、九州に逃れた脱徒や浮浪の扇動によるものだという憶測が、木戸ほか政府の首脳の一部にはあった。さらに九州諸藩の共謀も取り沙汰され、その抑え込みに神経をとがらせた。このような時、在京熊本藩士の米田虎雄（熊本実学党政権の要人）は、「長州の大楽源太郎、柳河の廣田彦麿、我藩の高田源兵等、私《ひそか》に相結んで不軌《ふき》（反乱）を謀る。余私に探知し、初め佐々木高行に行てこれを話し、次に大久保利通、廣沢眞臣等に話たるに、いずれも始めて、事の顛末を承知したりとて（驚き）、且つ歓び、密に之を鎮圧せんことを謀る」と語っている（『国事十』）。

さらに後年ではあるが、中村六蔵も「当時薩長土肥強藩政事の非を憤り、これを匡正して真正なる王政に挽回せんと欲するもの、独り（河上）彦斎等のみにあらず、九州には久留米に水野景（渓）雲斎、小河直（真）文、古松簡二の党あり、柳河に廣田彦麿の党あり、秋月に宮崎車之介の党あり、香春《かわら》（豊津藩）に静野拙三の党あり、中国には山口に大楽源太郎、前原一誠の党あり、四国には土州に岡崎恭助、森某等あり」と述べている（『国事十』）。鹿児島藩の動きは別にしても（鹿児島藩の動きは、風聞の域を出ない。ただし鹿児島藩は、久留米・柳河藩制圧のとき、「親兵」を出すよう要請され承諾はしたが、出兵しなかった）、柳河藩を中心に九州各藩の同志を結集し、大楽源太郎ら脱徒を支援して、政府を倒し「第二の維新」を謀る動きは確かにあった。だからこそ木戸や廣澤ほか政府内には、これを何とか抑え込まねばという強い危機感があった。

ところで、さきの江口から廣田への密書を開封した柳河藩邸では、これは「容易ならざる次第」と判断した。そしてこの密書を、秘密裡に参議廣澤に差し出したという。正月八日、事情を全く知らない廣田が、柳河藩邸に帰ってきた。そこでこれを捕らえようとしたところ、廣田は藩邸の塀を乗り越え、「甲州の方へ」逃げ去ったという。この翌日、即ち明治四年一月九日払暁、廣澤は、自邸で何者かに斬殺された（廣澤真臣暗殺事件）。こうして廣田彦麿は、廣澤暗殺犯の「筆頭容疑者」となった。廣田はいったん甲州津留郡吉田村（現富士吉田市。廣田は慶応四年に、この村の御師《おし》（寺社の布教活動を行う門徒たち）集団によって結成され東征軍に加わった「蒼龍隊」の隊長であった）に逃れたが、その後東京に立ち帰り、正月一五日に八丁堀で捕縛された（『国事十』）。

巡察使による柳河藩の制圧

久留米藩が「藩難」の渦中にある、明治四年三月中旬頃になると、柳河藩の攘夷派も次第に追い詰められた。三月一四日の密偵の報告には、「柳河藩ではこのたび、親族でも寄り合って時勢を論じてはいけない、他国人を止宿させた藩士は重罪に処するとの布令を下した。このため脱徒・浮浪が潜伏する余地はまずない。かねがね交わっていた『慷慨連』（反政府攘夷派ら）に路上で出会っても涙を流し、立ち話もできない」とある。四条巡察使の九州再派遣を契機に、柳河藩の攘夷派士族は、藩内外の攘夷派との連絡を断たれ、次第に追い詰められつつあった。

『防長回天史第六編下』には、次のようにある。「巡察使は、紀弾掛の者を日田に残し、四月朔日《ついたち》同地発、筑後高良山に抵《いた》り陣す。十三日同処発、柳川に至る」と。久留米の一件がほぼ終了したのち、四月一三日に巡察使は柳川に入った。この巡察使の柳川入りの後、柳河藩の処分が行われたものと思われる。

「大楽源太郎事蹟」（『国事十』）によって、大楽と柳河藩攘夷派との関わり、そして巡察使による柳河藩の制圧の経過についてみてみたい（現代語、要約）。

大楽源太郎は、「山口乱（脱隊騒動）」後、遁れて柳河に来た。すると当地の勤王家である、柳河町の永松祥次郎、清水平太郎、津村宣哲、胸形楢雄、甲斐原鶴三郎、垂見村の加藤五次郎、小川村の岡田太郎、高畑村の鷹尾速《ママ》、三池郡白仁某、宇佐益人、廣村の廣田彦麿等の家などを転々として匿われた。そのほか、大楽のもとに往来したものは、曽我祐世、久保田邦彦、江口瀬平など十数名あった。

朝廷は、九州各地に不穏な状況がある事を知り、四条隆謌少将を巡察使に命じた。巡察使は兵を率いて、柳河藩の国境に臨んだ。これに対し柳河藩の尊王攘夷派百数十名は、「速やかに兵を挙げて政府軍を撃破すべし」「不意に夜襲を為すべきである」などと主張した。しかし、藩主は近臣を派遣し、その暴挙を抑えた。

その後、政府軍が柳河に入るや、屯集する攘夷派は縛に就いた。巡察使参謀井田譲らが、柳河城内に入り、藩主を詰問して、大楽潜匿・反政府謀議の余党を出せと命じた（この事実については、柳河藩に残された一次史料からは確認できないという（江島））。しかし藩主（立花鑑寛《あきとも》）はここで、「すでに縛に就いた者のほかに、党類はない」と陳弁した。これによって、政府軍はこの地を去ることになった。柳河で、擾乱が起こらなかったのは、全く藩主の英明な判断による。

この時、在東京の廣田彦麿、鷹尾速遠も縛に就いた。久保田ら四人および廣田の夫人鶴代子は、日田からさらに東京に送られた。その後、久保田は禁獄十年、鷹尾は同じく三年半の禁獄をいい渡された。また廣田は、廣澤暗殺嫌疑で捕縛される際、縛吏に抵抗したため、禁獄十年に処せられた。

なお太政官は、捕縛された柳河藩士のうち、久保田邦彦と江口清兵衛《ママ》を東京へ護送するよう、柳河藩に命じた（四月二九日）。東京での本格的な審理は、五月に始まった。

関係者の処分

「元柳川県士族久保田邦彦宥罪伺」（国立公文書館所蔵）には、次のようにある。「元柳川県士族久保田邦彦　右の者、厳重の御布告に悖《もと》り、山口県暴動の脱徒に面会、情実を存じながら、申し立ても致さず、その上廣田彦麿等への文通に容易ならざる巷説を、事実の様に文飾致し候科《とが》により、去る壬申（明治五年）九月二十八日、除族のうえ禁獄二年を申し渡し（後略）」と。このことから久保田は、実際には明治五年に禁獄二年をいい渡され、明治七年には「宥罪」（罪を赦す）となったようである。

また、「廣田彦麿他十四名処刑届」（『山口藩隊卒騒擾始末（五）』）には、廣田を含め、山口藩脱徒隠匿に関わった柳河藩の関係者四一名の処分が記載されている（件名タイトルの「十四名」は「四十名」の誤り）。それによれば、量刑が最も重いのが廣田の禁獄一〇年で、罪状は「山口県脱徒ノ情ヲ知リ潜伏致サセ其策ヲ助ケ攘夷ヲ謀ントシ且御嫌疑ヲ蒙リ逃走シ凶器ヲ以捕縛ヲ拒ク者」とある。ついで、江口瀬兵衛が禁獄三年で「彦麿ノ徒ニシテ脱徒ノ情ヲ知リ見遁シ且不容易書簡ヲ彦麿ニ贈ル者」（但し、量刑には「存命ニ候ハ、」と但し書きがあるので、獄中で死亡した可能性がある）。久保田邦彦は禁獄二年で「脱徒ノ情ヲ知リ面接シ不容易書簡ヲ彦麿ニ贈ル者」とある。全体的には、四一名中二三名が有罪で、一八名が無罪である。罪状からみれば、脱徒を匿ったことと、廣田との関係の濃淡で処分の重さが決まったことを窺わせる。

ところで柳河藩士古賀十郎が、筆者のいう「明治の大獄」で斬罪になっている。しかしこれは大楽騒動によるものではなく、愛宕通旭陰謀事件（いわゆる二卿事件、後述）の主謀者として処刑されたものである。古賀の罪状は、「外山・愛宕ヲ首謀ト為スト雖モ其画策総テ此徒ニ出ツ。因テ同科（斬罪）ニ処ス」となっている（「不良徒処置一件伺」）。

大楽殺害は失敗

後年、廣田彦麿は、大楽騒動を振り返って、周囲に次のように語ったという。「久留米の攘夷派が、大楽源太郎を殺害したのは、誠に失策であった。大楽が、奇兵隊員たちのために尽くしたのは、全く部下愛憐の情から行ったことである。また大楽の行為は、客観的にみて公明正大であったから、捕えられて法廷に出て、そこで堂々と弁明させたならば、定めて政府の奸臣たちの肝を寒くさせたに違いない。そうすれば（事の真相が世に明らかになれば）、予輩もこのように嫌疑を蒙ることもなく、速やかに晴天を見ることになった（釈放された）であろう。まことに残念なことであった」と。

廣田はさらに、廣澤参議暗殺事件についても、「私はほとんど四年ものあいだ、未決のまま獄に繋がれた。私はずっと廣澤参議暗殺の首謀者と目されたけども、この事件については全く覚えがない（関与していない）。同じ頃、伝馬町の牢に繋がれていた同志の中で、互いに犯人について密に探ってみたが、伝馬町には誰ひとり事件に関係するものはいなかった。そのため、そのときの同志仲間の話では、『これはあるいは、意外なところ（例えば木戸や廣澤自身に近い人物など）にその主謀者がいるのではないか』と断定したのであった」と語っている（「大楽源太郎事蹟」）。廣田は、明治九年になって、やっと無罪となり釈放された。因みに、廣澤暗殺事件は、今日にいたるまで未解決事件として犯人は不明のまま、事件の真相も明らかになっていない。

第六章

高田源兵と熊本藩

「中村口述書第十一条・十二条」から

東京遊学の念を発して、平井嘉右衛門（中村の従兄）にその事情を告げ、嘉右衛門を通じて藩庁に請願し、千日間遊学の許可を得た。藩の印鑑（熊本藩士を証明する押印のある書類）を申請して受理し、明治三年正月に出立することにした。そこでふと、熊本藩士族高田源兵が高名な人物であることをかつて伝聞し、慕はしく思い、明治二年十二月中、高木治三兵衛（知り合いの熊本藩士）と同道して熊本に行き、源兵を訪問し初めて面会した。源兵は隣国諸藩の情勢および東方の形勢などのほか、その他種々時勢のことに談話したが、また時を移して会うことを約束して別れ菊池に帰った。

明治三年正月になって、私は東京遊学のために菊池を発って、また熊本に行き、再び高田源兵と面会した。私は遊学のために上京し、学問のほか広く天下の士と交わり、交友関係を結びたいと思っていることを、源兵に吐露した。そして源兵に対し、さらに教えを乞うた。すると源兵は、「その志はとても良いことだが、いたずらに漢籍にのみ耽って苦学したとしても、現在のような時勢にあっては、とても迂遠《うえん》な事である。今最も重んずべきは、尊王攘夷の大義を明らかにすることで、それより急務なことはない。かつ東京もまた、争乱（戊辰戦争）のあと、非常にすさみ廃れている。人情も未だ堅く和らいでいないようだ。それならば、この地にとどまって、別に為す事があるのではないか」という。ここで私は、この源兵の説諭に感激して上京を断念し、次のようにいった。「願くはあなたの尊い教えに従い、あなたの後について努力したい。どうか良きように鞭撻していただきたい」と。源兵は、「それでは、目下鶴崎に学校を開設し、兵を鶴崎で養成して士気も漸く振起しはじめている。足下も彼地に行き、練兵の業務に従事し、その側ら学問をすれば良い」という。このように懇切に待遇され、私はすぐにこれを承諾して、鶴崎に行くことになった。

運命の出会い

高田源兵《こうだげんべい》には、人を引きつける魅力があったようだ。高田は、「背丈は五尺を超すか超さぬかの短躯だったといい、色は白く、やせ型で、人と語るときは女のようなやわらかな声を出していたという」。いっぽう、「攘夷を以て志をとし、そのためには勇断ことにあたり、生死の間にあっても顔色をかえなかったという大丈夫だった」ともいう（荒木）。この硬軟両面を備えた人柄が、魅力だったようだ。

逆に高田は、中村という人物を、どのようにみていたのだろうか。先の会話の中で高田は、「尊王攘夷の大義を明らかにすること」が、いま最も重要なことだと主張している。もちろん中村も、これに強く共鳴する態度を示したに違いない。この大義に共鳴し、自分の人柄をこよなく信頼する中村の姿をみて、高田は「これは使える」と思ったかも知れない。悪く言えば「手子になる」という思いである。おそらく高田という人物は、中村以上に「人をみる目、見ぬく目」があったと思われる。すでに第三章でみたように、中村は葛藤しながらも、結局は高田の命令に従順に従っている。高田は中村との初対面で、それを見ぬいていたように思われる。「この男は、思い通りになる」と。

運命といえばそれまでだが、この出会いが中村の人生を変えた。中村もこの出会いからわずか三か月ほどのちに、使命感に駆られたとはいえ、人を殺めることになるとは思っていなかったに違いない。しかし明治二年一二月に高田と出会い、中村の運命の歯車は回りはじめた。

中村は高田を次のようにいう。「自分の心情（内面）においても、源兵は師父の如く尊崇していた。且つ源兵は、天下のために尽くす人であると信じ、既に一身を彼に委ね、彼の後ろに従って志を遂げようと思っていた」と。これは後年の「中村口述」にある話である。しかし中村は、高田に初めて会って僅かな期間で、高田に全幅の信頼をよせるようになった。高田の人間的魅力が、そうさせたのであろう。

中村ばかりではない、古荘嘉門も高田に魅せられた者のひとりであろう。古荘は、もともと高田とは昵懇《じっこん》ではなかったという。しかし有終館に入って高田と交わるうち、「自分が想像したよりは、はるかに見上げた人物である」と思うようになった。ただその才力に任せ、自分の気に食わない者は、敵対視するような傾向も確かにあった。しかし、「（高田は）熊本藩の藩力を動員して、必ず大事を挙げる意図があると察し、自分も彼に帰依した」という（「古荘口述」）。この「帰依」という言葉が、印象的である。

有終館においても、高田の人望は絶大だった。木村弦雄は、「（高田は）有終館中においては、自然に人望も帰し、（その信頼から）周りの者は誰も彼に全権を譲るような姿であった」という（「木村口述」）。有終館は、高田の「私物」であったといっても過言ではない。

高田源兵の経歴

高田源兵は、その「高田紀問口書」のなかで、自らの出自と経歴を次のように語っている。「私は、熊本藩士族小森貞助二男にて、父の跡は兄の半左衛門が相続し、私は十一歳の時、熊本藩士族河上源兵衛方の養子と相成りました。その後、その御跡目を相続し、今日に至っています。去々巳年中（明治二年）に、それまでの名である河上彦斎を当名（高田源兵。初めは源兵衛と名乗っていた）に相改め、兵隊の長となり、巳年十月《ママ》中に、熊本藩支配豊後国鶴崎へ赴任致しました」（鶴崎赴任は有終館設立前である。従って、明治二年二月には赴任していたと思われる）と、至って短い。一見して分かる通り、「河上彦斎」のころの経歴は、ほとんど何も語っていない。

高田は、天保五年（一八三四）生まれである。嘉永二年（一八四九）、「御花畑表掃除坊主」に任ぜられ（この時、河上彦斎と名乗る）、嘉永七年（一八五四）には、茶坊主補助として、江戸藩邸詰めを命じられた。前年、ペリーが浦賀に来航しており、世上は騒然としていた。ちょうど二十歳頃で、高田はここで時勢を学びまた憂えた。熊本に帰ってからは、林桜園《はやしおうえん》の門に入り、尊王攘夷思想を身につけた。この頃すでに、大野鉄兵衛（大田黒伴雄）や加屋栄太（加屋霽堅《はるかた》）らとも、親交を深めていたと思われる（大田黒と加屋は、神風連の乱で敗死）。文久二年（一八六二）、高田は細川護美（最後の熊本藩主細川護久の異母弟）に従って上京（この頃、蓄髪を許され坊主職を終える）。翌年護美は帰国したが、高田は関白の命でそのまま滞京した。朝廷守護のため、一五万石以上の大藩に親兵（天皇直属軍）の編成が命じられると、住江甚兵衛率いる熊本藩親兵に、高田は幹事としてこれに加わった。幹事にはほかに、肥後勤王党の宮部鼎蔵や轟武兵衛らがいた。このとき全国から集まった親兵は、五〇〇〇人にのぼったが、これを尊攘派公卿の三条實美が総帥として指揮した。文久三年の「八月十八日の政変」によって、長州藩と尊攘派公家は、朝廷から排除された。この事件のとき、高田も在京中であった。親兵は解散となり、熊本藩は藩士に帰藩命令を出した。しかし高田は帰藩せず、脱藩して七卿（尊攘派公家）を追い長州に向かった。『肥後藩国事史料』同年一〇月三日の条には、「三条實美等、檄を我藩河上彦斎に授け、九州諸藩の士気を鼓舞せしむ」とある。

「人斬り彦斎《げんさい》」から高田源兵へ

翌元治元年（一八六四）六月、京都で池田屋事件が起きる。この報を長州で知った高田は、直ちに京に上ったという。上京した高田が狙ったのは、開国論者で松代藩士の佐久間象山であった。この頃象山は、幕府の軍政顧問として在京していた。『防長回天史』には、「（七月一一日）松代藩士佐久間修理京都三条街に殺さる。修理屢々《しばしば》中川、山階両宮の邸へ出入し攘夷派浪士の憎悪する所となり、松浦虎次郎、河上彦斎のために刺されしなり」とある（ただし、松浦が誰かは諸説あって実名は不詳）。刺客が携えた「斬奸状」には、「この者、元来西洋学を唱え、交易開港の説を主張し、枢機《すうき》（枢要な公家）の方へ立入り、御国是を誤り候大罪、捨置《すてお》き難く」「天地に容《い》るべからざる国賊に付き」「天誅を加え負え畢《おわん》ぬ」とあった（猪飼）。しかし高田はこの時、「不祥的の所行を改め」「その手を収」めた。すなわちこれ以後、「人を殺すことはなかった」という。しかしこの事件は、世人によく知られることとなり、高田には「人斬り彦斎」の異名が付いてまわる。

なお高田は象山暗殺以前も、京都にあってたびたび幕吏などを殺害して恐れられていた。
象山暗殺の直後に起きた禁門の変で、高田は国司信濃《くにししなの》（長州藩家老）の隊にあって活躍したが、長州軍は敗北し高田も長州に退いた。その後、高田は長州にあって、高杉らの功山寺挙兵（藩権力掌握のためのクーデター）を援助した。その後、長州は四国艦隊下関砲撃事件で敗北し、次第に攘夷から開国へ転換しはじめた。すると攘夷論に固執する高田は、長州から離れていくことになる。

慶応三年（一八六七）はじめ、高田は熊本に帰るが、脱藩の罪で投獄される。しかしその年の暮れ、王政復古の大号令が出され新政府が成立した。そして翌年正月に、鳥羽・伏見の戦いで新政府軍が勝利すると、再び高田は表舞台に復帰する。投獄されてほぼ一年後の慶応四年二月一日、高田は許されて出獄した。間もなく藩庁は、高田にはじめは軍事掛、ついで外交掛を命じた。折から細川護美が、朝廷からの召命をうけ上京することになった。高田はこの一行に加わり、二月二一日に熊本を発った。この時に、護美の「内命」により河上彦斎を、「高田源兵衛」と改めた。「高田」は「こうだ」と読み、居所の「高田原《こうだばる》」に由来する。「源兵衛」は養父の名を継いだ。ただ「兵衛」の二字が「典令」に触れるからとして、「源兵」としたとされる。これは、「兵衛」が朝廷に仕える武官をさすことから、それを憚ってのことであろうか。いずれにしろ、河上彦斎はこれ以後、高田源兵《こうだげんべい》となった。

明治元年（一八六八）一〇月二八日（慶応は九月八日に明治と改元）に、高田は「士席に準し豊後国鶴崎郷士隊長」に任命された。そして翌明治二年正月二二日、高田は改めて「鶴崎兵隊引廻《ひきまわし》」

に任命された。そして鶴崎に赴任し、設立されたばかりの有終館を率いることになった。

高田源兵の「人物像」

「人斬り」の異名を持つ高田だが、決して屈強ではなく、普段は「病弱」だったようである。明治三年二月頃と思われるが、高田と古荘は、山口藩の脱隊騒動の状況報告をするために熊本藩庁に赴いた。その帰り、高田は病気にかかり、自分では歩けず駕篭を雇って鶴崎まで帰ったという。明治三年三月、高田が中村に沢田衛守殺害を命じた直後も、風邪を引いたのか、有終館の一角で布団をかぶって寝ていた（第三章）。三年の二月から三月にかけて、たまたま体調を壊していたのかと思うと、次のような話もある。高田は、「毎《つね》に病気にかかり、時々毛利到（空桑）方に話しに行くくらいのことで、容易に他出はしなかった」と（「古荘口述」）。鶴崎にいた時分は、総じて病気がちで外出もままならなかったようである。

高田は非常に用心深かったとも伝える。すでに紹介したが、「そもそも源兵は、平素から交際に深く注意し、会った人の性格やその素性、また持論（考え）や所行（行動）に至るまで、逐一これを調べあげ、自分の手帳に記載しておき」、必要なときにその手帳を見て物事を判断したという。それは、有終館の訪問者の扱いにも現れている。訪問者があっても直接門内にはいれず、旅宿で待たせるか、さきに毛利が接遇した上で判断した。それは、尊攘派と佐幕派が入り乱れて争った文久頃に京都にいて、緊張の連続だった経験がそうさせたのかも知れない。

容貌も声も婦人のようであったことも既に述べた。ただその反面、自らの意志を押し通す性格でもあった。古荘は次のようにいう。「源兵は、外貌は柔順で、あたかも婦女のようであるが、既に事を決めたならば、一心鉄壁をも貫く勢いがあった」と。それは、沢田衛守殺害の時に端的にみられた。沢田衛守殺害は、形の上では有終館幹部の同意を求めていた。しかし高田の語気に押され、誰も反対できなかったというのがその場の雰囲気だった。中村が沢田殺害に逡巡して有終館に帰ったときも、高田は「ヤッテシマエ」と「激音」で一喝し、犯行を強制した。高田は温和な容貌や声色の反面、「恐怖」で人を支配していた。「人斬り」とか「毒ひらくち」（熊本でのマムシの異名。睨まれた獲物は逃げられないことのたとえ）と呼ばれた高田は、やはり周囲に怖れられたのであろう。

高田の尊王攘夷思想

高田の尊王攘夷思想とは、どういうものであったのか。「中村六蔵水雲事蹟」は、次のように端的にいう（意訳）。「幕府が廃止されて王政復古となったので、彦斎（源兵）の素志も幾分実現された。しかし今行われている政策は、当初のめざしたものと違っていて、むしろ幕府の政策に及ばない。彦斎が痛く嫌忌してきた、洋人との間の不本意な条約を結び、紫宸（内裏の正殿）に洋人を参朝させることも多いので、彦斎は大に憤って、『薩長等の強藩は横暴極まりなく、政府の要人たちは、上は天皇陛下の御聡明を曇らせ、下は人民を耐えがたい苦しみに陥れ、倒幕当初の目的は既にこれを棄て去り、ひとえに自己の大慾をほしいままにしているではないか。世の志士たる者は、手を拱いてこれを傍観すべきではない。今から蹶然《けつぜん》として起って、君側の奸を一掃して、洋人制御策を立て、これによって皇国の福祉を、永遠に鞏固にする基礎を定めなければならない』という」（『国事九』）と。

高田の攘夷思想は、単なる「鎖国攘夷」ではなかった。「洋人制御策」とあるように、いわゆる「洋夷制御論」である。すなわち、開国を容認した上で、西洋人の行動や外国との貿易を制御すべきだという。狂信的な攘夷論者ではなかった。高田が「洋夷」より深刻だと思っていたのは、薩長の横暴（「有司専制」）であり、政府要人たちの私利私欲であった。高田は、攘夷よりも「君側の奸」を退ける事が先だというのである。

このような高田の思想に共鳴する同志は、「九州には久留米に水野景（渓）雲斎、小河直（真）文、古松簡二の党あり、柳川に廣田彦麿の党あり、秋月に宮崎車之介の党あり、香春に静野拙三の党あり、中国には山口に大楽源太郎、前原一誠の党あり、四国には土州に岡崎恭助、森某等あり」（『国事十』）と九州はもとより、山口や四国にも多数いたという。

高田の「持論」

高田は、皇威が全く振るわないことを常に憂慮していた。そこで政府を一変し、廟堂の重職に有為の者を就けなければならない。「その大事業（政府を一変させること）をなすには、長州奇兵隊や草莽・不良の徒の集合体では、成功は覚束ない。よって本藩（熊本藩）の力を借り、熊本領内の郷士のうち、いわゆる鞠躬《きっきゅう》（慎み深い様）の者を抜擢し、この者たちと協同して尽力しなければ、成功しないだろう」という。古荘は、これが高田の「持論」だったという（「古荘口述」）。

奇兵隊については、「私がさきに長州にいた時その形勢をみたところ、どこをみても烏合の衆で、本当に王事に勤め、他日国家の柱石となるべき人物は十のうち一、二に過ぎず、ほかは皆斗《と》筲《しょう》(器量が小さい)の人ばかりである。この斗筲の人と国家を維持すべき目途はないので、彼らとの協同はすでに放棄した」という。では、奇兵隊に代わるものは何か、高田が求めるものは何か。ひと言でいえば、「大藩の力」だという。「大藩をして士気を養い、国力を蓄え、これを根拠として国家を維持する」べきだという。そして、現在の形勢は平穏にみえるが、朝廷の権官(要人たち)も奇兵隊同様、各己《おのおの》の寄り合い所帯に過ぎない。であれば、必ず分裂する時がくる。その時は、『大藩の力』を用い、天下のために尽くすべきである」とする。

九州攘夷派の考え方も、大別すればふたつある。例えば久留米藩は、政府転覆の手段として、藩の軍事力を用いる(小河真文ら)か、藩を超えて攘夷派の志士や草莽を糾合して挙兵する(古松簡二ら)かであった。どちらが現実的かといえば、それは実態のある藩の軍事力を用いる方であろう。高田が久留米に招かれて、古松や岡崎恭助らと協議したとき、やはりこの点で高田と古松は対立した。高田の「持論」は、小河に近く、古松より現実的にみえる。しかし結果からいえば、高田も含め九州の攘夷派は藩の枠組みを超えられず、一致して明治新政府と対抗することができなかった。久留米藩などは、藩主を護って攘夷派が自壊してしまったのである。

脱隊騒動と「持論」の齟齬

この高田の「持論」は、脱隊騒動によって大きく齟齬してしまう。さきに述べたように、脱隊騒動が起こると、高田と古荘は熊本に赴き、藩庁でその状況を報告した。高田の意図は、高田が熊本藩の重役とともに山口に赴き、《奇兵隊ほか諸隊》と《山口藩庁と山口藩兵》との間に停戦を斡旋する。停戦が実現すれば、「天裁」（天皇の裁定）を仰ぎながら、双方の「曲直」（どちらが正しいか）を明らかにする、というものであった。高田の立場や考え方からすれば、「その曲直を論ずるならば、それは全て奇兵隊ほか諸隊の主張が正しい。なぜなら、これまで山口藩において、幕府の兵を引受けて戦い、山口藩が艱難に陥った時、これを維持できたのは奇兵隊の力が最も大きかった。かつ奇兵隊は戊辰戦争においても、新政府軍を勝利に導いた『有功の兵士（功績のあった軍隊）』だからである」（「古荘口述」）。高田には自信があった。そして出来ることなら、山口藩諸隊の軍事力を温存しておき、来たるべき政府の内部分裂に備えたかった。その時が来れば、有終館を含む熊本藩兵と山口藩諸隊の戦力をひとつにして、天皇政府と対峙する計画であった。なお付言すれば、鹿児島藩の西郷も高田とほぼ同様の考えに立ち、調停のために下関まで赴いていた（二月九日）。ただ、木戸が調停を拒否したため、西郷は鹿児島へ帰還した。

ところが、高田が熊本に行っている間に山口藩兵と諸隊との戦端が開かれてしまった（二月九日）。高田が山口へ行く機会は失われた。これを知った高田は、古荘を伴い急ぎ鶴崎に戻る（病気のため駕篭を雇った）。高田と古荘が、久住駅（豊後国内の熊本藩の飛び地のひとつ）に到着すると、新たな知らせがあった。何と、すでに奇兵隊は敗北し、敗走する兵士たちが鶴崎に逃げ込んでいるというではないか。この時高田は大いに落胆し、「私の宿志の成否は、奇兵隊の勝敗にかかっていた。それなのに奇兵隊はすでに敗北したというのか」と語り、歎息したという。そして高田と古荘が鶴崎に着いたときには、すでに敗残兵が多数鶴崎とその周辺に潜伏しているという有様だった（「古荘口述」）。

政府の分裂を待っていた高田だったが、政府はいよいよ平穏無事で、長州奇兵隊は「分裂」し、脱徒が鶴崎に押し寄せる。その脱徒潜伏の斡旋のため、高田は「非常の苦心」を強いられた。さすがの高田も、「私はこれまで、天下のため多少の尽力をしてきた。しかし、このような苦しいことは、未曾有である」と木村に語り、長歎息した。「是までの目途は一事にはずれ、如何ともする能わず」という状況に陥った（「木村口述」）。高田の「持論」に基づく政府転覆計画は、根底から崩れはじめた。

ところで、「持論」が齟齬した原因は、もうひとつあった。それが、熊本藩での実学党政権の成立と、実学党による藩政改革であった。

熊本藩の三学統

幕末の熊本藩には三つの学統が並び立ち、「三すくみ」的状況があって、互いに対立していた。学校党は、藩校時習館出身者で占められ、藩政の主流派を形成した。家格も上位の者が多く、いわば熊本藩のエリート集団だともいえる。筆頭家老長岡佐渡（松井章之）、溝口孤雲（蔵人）、小笠原美濃らが中心となり、政治的な位置は「保守・佐幕」であった。勤王党は、林桜園《はやしおうえん》（国学者。尊王攘夷を唱え、肥後勤王党、敬神党（神風連）の人々に大きな影響を与えた）の家塾原道館で学び、桜園の影響受けた者が多かった。住江甚兵衛、宮部鼎蔵、松村大成、轟武兵衛、高田源兵（河上彦斎）

らが中心で、尊王攘夷を主張した。肥後勤王党は、明治九年（一八七六）の神風連の乱に連なる学統である。実学党は、藩政主流の学校党の批判勢力（藩政改革を志向する）として、天保期に台頭した。次席家老長岡監物（米田《こめだ》是容《これかた》）、下津休也、荻昌国、元田永孚、横井小楠らがいた。安政二年（一八五五）までは、学校党の対抗勢力として実学党は勤王党と同一歩調をとった。しかし実学党は、開国をめぐって小楠らの沼山津《ぬやまづ》派（豪農派）、坪井派（長岡監物らの士族派）、両者の中間たる山崎派（元田永孚ら）の三派に分裂した（沼山津、坪井、山崎は、各派の中心人物が住まう地名）。

学校党と実学党の対立は、藩校時習館の運営をめぐって表面化した。天保一四年（一八四三）、小楠は長岡監物、下津、荻、元田らと読書研究会を開始した（これが実学党の始まり）。彼らは保身的な名利を目的とする時習館の学風を、「実学実芸」が行われるよう一新すべきであると藩主斉護《なりもり》に上申した。これははじめ、時習館運営の主導権をめぐる対立であったが、藩政上の問題にも波及した。

いっぽう肥後勤王党は、文久元年（一八六一）ころからその動きが活発化する。これは全国的な尊攘運動の活発化に連動するものであったが、その中心にいたのがさきにあげた勤王党の面々であった。勤王党と実学党ははじめ、共同歩調をとった。しかし、安政二年（一八五五）に小楠が開国論に転換すると実学党は内部分裂し、いっぽう勤王党との溝も深まる結果になった。小楠は開国論者として、肥後勤王党を含む尊攘派の標的となっていく。いっぽう実学党からみれば、多分に神がかり的要素を有する勤王党の主張は、受け入れがたいものがあった。

実学党政権の成立

王政復古、戊辰戦争、維新政権の成立――、そしてその維新政権による矢継ぎ早の諸改革の指令によって、各藩は必然的に藩政改革を迫られた。特に戊辰戦争による多大な軍役負担は、軍制改革と藩財政の改革を必然化した。熊本藩でも、すでに戊辰戦争下で藩政改革への動きがはじまった。しかし藩制改革は、そのありかたをめぐって、特に学校党と実学党との対立が深まった。

熊本藩において、藩政機構の改革が進行するのは、明治二年からである。家老を執政、奉行を参政とするなどの役名改革の実施のほか、財政緊縮令が布達された（三月）。六月には版籍奉還に応じた諸務変革、七月には職員令が公布され、大参事（四名）、権大参事（五名）、少参事（六名）などの幹部人事も行われた。ただしこれは、主要な役職の多くが学校党出身者でしめられるなど、機構改革も含め形式的に止まった。

明治二年から三年にかけて、反政府攘夷主義者の活動が活発化する。横井小楠、大村益次郎など、「大臣クラス」の政府要人が相次いで暗殺された。それに加えて、明治三年には脱隊騒動が起き、この年の後半には政府直轄県（いわゆる「天領」）で、農民闘争が激化する。これに木戸や大久保らが、極度に警戒したことはすでに述べた（第五章）。そして政府からは、熊本藩の動向が猜疑の目でみられていた。肥後勤王党の動きや脱隊騒動に連動した九州諸藩の動向、その重要な拠点と目された鶴崎有終館と高田源兵の存在などが、熊本藩にたいする疑念の根源であった。

実学党による藩権力の掌握は、維新政府の大久保利通の了解を得て一気に実行された。政府も実学党政権の成立によって、熊本藩の攘夷派勢力が抑えられることに期待した。明治三年五月三日、藩知事の細川韶邦《よしくに》が辞任し、八日に弟の護久《もりひさ》が家督を継いだ。その後、護久が熊本に帰り（二七日）、藩首脳の更迭に着手した。こうして実学党系の人々が、藩権力の中枢にすわった。

実学党政権による藩制改革は多岐に及ぶが、本書に直接関わりのある事項に限れば、旧来の軍制の解体と、雑税廃止であろう。軍制の解体では、まっ先に鶴崎・八代・佐敷などの藩境警備体制が解体され、各所に置かれていた番所も廃止された。鶴崎の有終館が廃止されたのも、この改革の一環だったのである。代わって新たに常備一大隊が編成され、兵員補充のために予備隊・補備隊が設けられ、別に砲兵三大隊が設けられた。

民政改革のうち、雑税廃止については特によく知られている。知事は七月一七日、「村々小前《こまえ》共へ」（小前とは小前百姓のこと）という布告の中で、「中にも百姓は暑寒風雨もいとわず、骨折りて貢を納め夫役をつとめ、老人子供病者にさへ暖に着せ、こころよく養ふことを得ざるは、全く年貢夫役の辛き故なりと、我ふかくはじおそる」と、年貢・夫役が重いが故に百姓は楽な暮らしが出来ないといい、領民に詫びた。その上で、総年貢高のおよそ三割に及ぶ八万九千八三六石の雑税免除を宣言した。いうまでもなく、領内の農民はこれを歓迎した。熊本県内各地に「知事塔」と呼ばれる、雑税廃止を讃える石碑が存在することがそれを証明している。またこの雑税の廃止が、日田県一揆ほか、九州各地（鹿児島県を除く）で農民一揆を誘発したことは、すでに述べた（第五章）。雑税廃止による農民一揆誘発という事態はまた、実学党政権を短命に終わらせる要因ともなった。

鶴崎からみた学統対立と藩政改革

このような学統の対立や藩政改革など、熊本藩の動きは鶴崎ではどのようにみえていたのだろうか。そもそも有終館設立時、熊本藩はその存在意義を認めたが故に、設立を裁可したはずであった。しかし、木村弦雄が藩庁にその準備金を要求したところ、遂にその措置は行われないままであった。木村は、本藩の「俗吏の議論は因循にわたり、遂に行われず」とこれを批判したが、「俗吏」とは学校党政権のそれをいう（「木村口述」）。結局、有終館設立の準備金は鶴崎で用意するしかなく、有終館の運営資金も自ら調達しなければならなかった（第一章）。

木村は、高田がいう「大藩の力」を動員するためには、藩論の「一致一和」が必要と考え尽力した、という。しかし、熊本藩でこれを述べれば、「傍らでこれを笑う党があり、またこれを誹謗する党がある。さらには我々を『讎《しゅう》』（仇《かたき》のこと）とみる党もある。熊本藩の政府にもまた、容れられなかった」という。要するに熊本藩は、党派が互いに対立し、藩論が統一できないという。党派の対立ばかりではない。自分たちの意見が通らないのは、「源兵、自分、もと卑賤より出でたればなり」と、身分が低い所為もあるのではないか、ともいう。そしてついには、「（高田や木村らは）不軌を謀るなどと東京辺まで流伝するに至った」という（「木村口述」）。実学党政権による勤王党の弾圧は、東京の熊本藩邸で進められたが（後述）、これはそれを指しているものと思われる。

さきに、実学党政権下での軍制改革にともなって、辺境（鶴崎・八代・佐敷）警備体制も廃止されたと述べた。しかし古荘嘉門は、有終館閉鎖の理由を、次のように語っている。「熊本藩庁より有終館を閉鎖したるその原由（理由）は、藩庁の官員中には、高田源兵らと反対論の徒が過半であって、さらに有終館において奇兵隊の脱徒を潜匿させた事情が、藩庁に漏泄《ろうせつ》したことが根拠となったと想像している。もっとも、有終館の挙動については、種々議論があったようである」と(「古荘口述」)。「源兵らと反対論の徒」とは、いうまでもなく実学党である。有終館閉鎖の理由としては、非常に明快である。

米田虎雄(実学党)と廣澤真臣

米田《こめだ》(長岡)虎雄(虎之助とも)は、熊本藩家老長岡是容(監物)の次男で、家老職を継いだ。明治二年には大参事に就任し、実学党政権下では権大参事(細川護美が大参事)として、藩政改革を主導した(のち明治天皇の側近)。米田虎雄の後日談では、政府要人に高田源兵らの「不軌」(反乱)について、はじめて知らせたのは、米田自身ということになっている。「旧護久公御事蹟調」には、「米田虎雄話」として、次のようにある(『国事十』)。

一、長州の大楽源太郎、柳川の廣田彦麿、我藩の高田源兵等、私《ひそか》に相結んで不軌を謀る。余私に探知し、初め佐々木高行《ママ》に行て之を話し、次に大久保利通、廣澤眞臣等に話りたるに、何れも始めて事の顛末を承知したりとて、且つ驚き、且ツ歓び、密《ひそか》に之を鎮圧せんことを謀る。廣澤、余に謂《い》って曰わく、「今後なお彼等の挙動に注意し、国家の為に尽する所あるへし」と。(中略)廣澤一夜書を余に致して曰わく、「彼の一事は既にこれを大隈重信に謀れり。彼亦余と意見を同ふし、速に彼等の機先を制すべきことを論せり。貴下願くは、廣田彦麿捕縛の事に任せ

られよ」と。余之を諾し（後略）

米田がいつ、佐佐木高行に大楽、廣田、高田らの「不軌」の話をしたのかは、判然としない。しかし右の話のあとには、参考資料として明治三年一二月の廣澤と木戸の往復書簡が揚げられている。『国事史料』の編者は、恐らくその頃の話だと推定しているように思われる。米田の勤王党ぎらいは、よく知られていた。

明治三年一二月五日付、廣澤より木戸宛書簡には、次のように記されている。「米田熊本大参《ママ》事へも藩の態度を尋ねましたが、熊本藩は朝旨を遵奉し、ここまでの大改革（実学党による藩政改革）を速やかに成し遂げた上は、この度の事件（日田騒擾や日田県一揆）においても十分兵力を用いて、九州各藩に抜きん出て尽力、勤王の実効を示すものと思います」「（在東京の）米田も得意にて、同志の者を一人帰藩させました」「河上顕（彦）斎もすぐに禁錮刑を申し付けると聞いています。この度の始末（勤王党の捕縛、投獄）によって、断然河上らを処置すべきとの米田の言い分もあって、熊本藩論は確乎不抜（動じることなく）無二念（迷わず）、朝廷の御趣意を奉体するようになれば、九州各藩を圧倒するに足ると考え、頻りに『勧導之術』を尽くしているところです」と。

このように、米田と廣澤は非常に密接な関係にある事がわかる。先に述べたように、実学党による藩政改革も、大久保の同意を得て実行された。廣澤は、実学党と米田、そしてその藩政改革を高く評価している。さらに九州を圧するに足る、熊本藩の軍事力に期待している。廣澤は「米田も得意にて」というが、「勧導之術」で熊本藩と米田を上手くコントロールしている廣澤自身も、

「得意げ」のようにみえる。しかし、この書簡のひと月後（明治四年正月九日）、廣澤は何者かによって暗殺される。

実学党（米田）の陰謀

廣澤真臣暗殺事件については、また次章で詳しく述べる。ここでは、この事件をめぐる実学党の勤王党弾圧の陰謀について、概略を述べておきたい。

明治三年一〇月、高田源兵や古荘嘉門は謹慎を命じられる。そして一一月には、高田ほか、木村弦雄・加屋栄太・鬼丸競・吉海良作・荘野彦七・福岡応彦・富永万喜らが一斉に捕縛、投獄された。多くが勤王党の面々である。また木村のように、もともと勤王党ではない者も捕縛された。高田、木村、吉海、荘野らは、いずれも鶴崎有終館の幹部である。有終館が山口藩脱徒を匿ったことが、捕縛の理由となったのであろう。古荘嘉門は、捕縛を逃れ逃亡した（最終的には、駿府の勝海舟や山岡鉄舟らを頼って潜伏）。一連の捕縛、投獄は、政府が反政府攘夷派や脱徒の取締りを強化するなかで行われた、実学党政権による勤王党、および有終館関係者の弾圧である。

明治四年正月九日、廣澤真臣が自邸で暗殺されると、嫌疑者が次々に捕縛された。ここでもまた、肥後勤王党の面々が、多数逮捕された。熊本だけではない、全国の反政府攘夷派が多数捕まった。

廣澤が暗殺された日の朝、弾正台小巡察長沼東夫（熊本藩士）が検屍のため現場に駆けつけた。長沼は、廣澤と同邸にいた廣澤の妾から、驚くべき証言を聞き出す。犯人が米田虎雄に似ていたというのである。長沼は驚き、このままでは同郷の米田に嫌疑がかけられるに違いないと憂慮し、急ぎこの事を、熊本藩邸（龍ノ口、現千代田区）にいる米田虎雄に知らせた。すると「彼は何と思ったのか」、却って知らせに来た長沼ほか数名を、廣澤暗殺の嫌疑で捕縛し、藩邸内の獄に投じたのであった。長沼は、肥後勤王党のひとりであった。それにしても、米田の身を案じて知らせに来てくれた長沼を、逆に暗殺犯の嫌疑で逮捕するとは、どのような理由によるものか。

『国事十』の「明治四年三月某日」の条に「廣澤参議刺客連累の嫌疑を以て、江刺県山田十郎等数名の職務を免し、我藩に拘禁せしめらる。其外謹慎を命せられたるものあり」とある。拘禁された一七名の名前があるが、山田十郎（信道）、佐伯関次、小橋恒蔵（元雄）、長沼春雄（東夫）、青木彦兵衛らは、いずれも肥後勤王党の面々である。つまり、廣澤暗殺の嫌疑者という汚名を着せながら、勤王党の一斉捕縛を行ったわけである。

実学党政権は、藩政改革で雑税廃止など「開明的」な政策を実施した。いっぽう、実学党政権は、反対派、中でも勤王党に対する苛烈な弾圧を展開した。龍ノ口の熊本藩邸では、実学党による勤王党弾圧の謀議が行われた。拷問によって、佐伯は自死した。「権力」としての実学党政権は、「開明」とは程遠い側面も有していた。

帰藩後の高田源兵

古荘嘉門によれば、有終館が「全く閉鎖」されたのは明治三年六月下旬だという。第一章で述べたように、正式には七月一七日である。しかし六月下旬には、事実上閉鎖されていたものと思われる。それに先だって、古荘は五月の末に帰藩を命じられ、六月初めには熊本に帰着した（「古荘口述」）。高田はといえば、彼の口述書によれば、五月上旬に藩の命令で熊本へ帰ったという。木村弦雄も、おそらく同じ頃、熊本へ呼び返されたと思われる。木村は有終館の会計処理を済ませて藩に報告し、再び鶴崎に戻ろうとしたところ、「藩政改革によって、最早赴任に及ばず」との命令を受け、そのまま熊本に残った（「木村口述」）。

七月三日、「本藩鶴崎兵隊解散につき、指揮士木村弦雄及び高田源兵衛《ママ》の勤労を賞す」として、木村は金二両一歩、高田は金二両二歩を賞金として下された（『国事十』）。体よく手切れ金を渡して、ふたりを免職させたようにみえる。その後、高田・木村・古荘の三人は、熊本藩の要職に就くことはなかった。

木村によれば、三人の帰藩後、敬神党の壮士輩が高田のもとに集まったという。そして、「政府の処置は不当であるので、長州諸隊と結んで挙兵すべきであるなどといい、暴論紛々として」高田に迫った。これに対し高田は、これらの暴言を抑えて、次のように諭した。「今わずかな有志にて挙兵を企てても、成功しないだろう。すでに久留米藩においては、挙兵の論があるようだが、実行されてはいない。久留米は他日を期しているようにみえる。挙兵が成功するか否かは、大藩一致の力あるのみ」と（「木村口述」）。この時の挙兵は、藤崎宮に宇気比《うけい》（占い）を仰いだ結果、挙兵不可となり未発に終わる。

この頃、高田が自らの進退について考えていたのは、「先ず退いて時勢をよく観るに如かず」ということであった。実際高田は、熊本の近在に住居をかまえて、余念無く農業を営んでいた。

木村はといえば、わずかの金策をして、質物を扱う商売をはじめた。古荘は「活計に困らざる者」であったから、毎日釣り糸を垂れ、壮士たちの暴論を避けるようにしていたという（「木村口述」）。しかし、有終館を閉鎖して三人を帰藩させ、要職から遠ざけた熊本藩庁（実学党政権）が、三人の監視を怠ることはなかった。いやむしろ、監視は日に日に厳しくなった。高田の元へ壮士たちが集まり、反政府挙兵を叫ぶような事態も、藩庁は把握していたであろう。

高田源兵と勤王党への藩庁の監視が厳しくなる中、

高田源兵と西郷隆盛

高田と勤王党への藩庁の監視が厳しくなる中、身辺の危険を感じた古荘や木村は、高田に薩摩行きをすすめた。西郷と今後の反政府挙兵について、謀ってはどうかということであった。当時、九州の反政府攘夷派の、西郷と鹿児島藩の軍事力への期待は大きかった。これに対し高田は、「かつて京都に居った時、西郷の旅館を訪い、時事を話しあったことがあったが、西郷がしきりに幕吏を除かねばならぬというので、自分も同感だ、直ちに断行しようと身を起こすと、西郷は急に躊躇しだした」。その時高田は、西郷を見限って席を立ち、その場を去ったという。西郷の言は誇大、すなわち「はったり」だと感じたのであろう。要するに高田は、西郷を信頼していなかったのである。だから、「いかに窮したとて一身を西郷に託するにしのびない」と、古荘と木村に答えた（荒木）。

古荘が有終館に赴任し、「長州奇兵隊が未だ破れざる前」というから、明治二年のことだと思われる。古荘は高田に、「鹿児島の西郷と通謀してはどうか」と尋ねた。すると高田は、次のように答えた。元治元年（一八六四）の「禁門の変のとき、鹿児島藩の策略にかかり、わが藩の御所御守衛の任も解除された。当時自分も熊本藩の出兵中にあって、この策略に対しては頗る苦情を鳴らし、遂には鹿児島藩とわが藩の間は溝が出来、甚だ不和となった。だから今、直接鹿児島に行って、事を談ずる（通謀する）理由はない。また加屋霽堅や大田黒伴雄（神風連中最も重立ちたる者）らは、西郷が出京して官途に就いた事で、彼を賊視し擯斥している」と。要するに、禁門の変で鹿児島と西郷への信頼が損なわれたことと、熊本の勤王党（加屋ら）も西郷への信頼を失っていて、通謀は難しいというのである。

先にものべたように、九州の反政府攘夷派の多くは、西郷や鹿児島藩との連携を志向していた。それとは対照的に、高田源兵と肥後勤王党は、むしろそれを否定する立場にあった。これは九州攘夷派の中でも特徴的だといえよう。ただ、そこには過去の苦い経験を超えられない、また熊本の郷党の枠組みを超えられない高田らの限界もみえてくる。「その堅い意志は、鉄壁も通す」と評された高田の性格は、ある局面においては柔軟性を欠くといえるかもしれない。

謹慎から捕縛・投獄へ

明治三年一〇月一八日、「高田源兵、古荘嘉門に嫌疑あり。外出及び旅人面会交通等を禁ず」という、命令がでた。「面会は同藩人であっても、骨肉の親以外は相成らず」という厳しい処分であった。高田を師と慕う松山守善（勤王党のひとり。のち自由民権運動に身を投ずる）は、「明治三年十月下旬、鉄槌は先生の頭上に落下した」、しかし「先生は既に決心の臍《ほぞ》（腹）を堅めその頃移転した谷尾崎（現熊本市西区）の寓居に閑居して、悠々天命に安んじて居られた」という（『国事十』）。

同年閏十月、「長州脱走人潜伏に関係せる九州各地の人名」が、山口藩から関係の各藩邸宛に通報された。全部で二五の個人名、寺院名、商家名が挙げられている。熊本藩関係では、「鶴崎妙蓮寺、長光寺、庄《ママ》野彦左衛門」「肥後　川上《ママ》玄齋（彦斎また改め源兵）、木村何某（弦雄）」が挙げられた（『国事十』）。いよいよ、大楽と山口藩脱徒潜匿の嫌疑者の追及がはじまった。

同年十一月某日、「高田源兵、木村弦雄、共に長州藩脱走人に関繋して捕縛、拘禁」された（古荘は逃亡）。「照幡遊冥高田源兵事蹟取調写」は、「玄明《はるあき》（源兵の名）は、長州は勤王攘夷主唱の国であって諸隊は維新先鳴の徒である。玄明は往年長州人に厚遇された義もあり、潜匿させた。脱走の徒が、食料と弾薬の貸与を迫ったが、これは藩知事のもであるからと断った。その後、脱徒は各藩に散ったが、その後みな捕縛された。玄明もまたこのために『奇禍』を蒙ったものである」という（『国事十』）。

そしてこの年の暮れ頃に、米田虎雄が高田らの「不軌」について、佐佐木高行ほか政府要人に通報したが、この事は既に述べた。投獄後、熊本藩では高田や木村ほか、一斉検挙した勤王党ほかの面々について取り調べが行われた。

高田への審問と東京護送

明治四年正月九日、参議廣澤真臣が自邸で暗殺されると、状況は新たな段階に入る。熊本藩では、肥後勤王党を中心に、実学党政権の対抗勢力の人々が逮捕されていく。政府も、反政府攘夷派や山口藩脱徒と浮浪に対する取締りを、いっそう強化していく。その過程で、「日田騒擾」や久留米藩難事件、柳河藩の制圧などが、次々に行われたことはすでに述べた（第五章）。さらに東京と京都で、反政府攘夷派と公卿による政府転覆事件が発覚し、大量の逮捕者が出た（いわゆる二卿事件）。これらの諸事件を口実にした、反政府攘夷派の大量弾圧を、筆者は「明治の大獄」と呼んでいる。この中で高田源兵も、反政府攘夷派の巨魁のひとりとして、東京に護送されることになる。高田に対しては、四月二九日付で熊本藩に東京への護送命令が出された。

明治四年五月、「本藩高田源兵の予審結了を以て、東京に護送す」（『国事十』）とあって、五月に高田は東京に護送された。投獄されて以後、熊本藩刑法局で予審、すなわち公判前の訴訟手続きが行われた。そこでの審問の記録（高田の口述）が、護送される際の「引取書」として、添えられている。そこに、高田源兵が訴追される理由が述べられている。

高田への審問の第一は、「他藩人と容易ならざる話合い、かつ文通をしたのはどのような事情によるものか」というものである。ここではまず、明治二年一一月に奇兵隊の大野省三と津守幹太郎が有終館に来て、高田に「諸隊総轄の任」を依頼した件が問題になっている。この時は、高田はこれを断った。次に他藩人として出てくるのが、久留米藩士古松簡二と高知藩脱藩士松浪新蔵（岡崎恭助の変名）である。要するに彼等と明治三年正月に久留米で謀議を行い、山口藩の諸隊を巻き込んで挙兵しようと計画したことである。しかしこれも、諸隊の反乱が早々に敗北するという予想外の結果で、計画は頓挫したと答えている。

審問の第二は、「奇兵隊脱人を潜匿させた事」についてである。これについてはまず、高田が長州にいたとき諸隊に世話になったこと、奇兵隊ほか諸隊は戊辰戦争の功労者であるから潜匿したと答えている。潜匿に関しては、鶴崎の毛利親子や有終館が中心となったこと、大楽源太郎を岡藩から久留米藩へ逃がした経緯などについても語っている。

審問の第三は、大楽源太郎と文通した内容についてである。ここでは大楽が死を決して、山口に帰ろうとしたとき、鶴崎に保管している武器弾薬の提供を高田に依頼したことが問題になっている。高田は、これらは「官舎の品」であるから私的に渡すことはできないと断った。ただし、勝手にこれに手を着け取り出しても、その行為を止めはしないと、付け加えた。ただし文面をみた大楽は、武器弾薬の持ち出しを断念したという。

そして最後に結論として、高田の各行為は「朝廷の御布告の旨に反し、山口藩の脱徒を匿い、大楽源太郎の山口再攻撃を帮助し、高知藩の松浪新蔵と久留米藩の古松簡二の誘いに乗り、容易ならざる話合いを行いそれに同意した。これは重ね重ね不埒なことであり、源兵の意中は攘夷の私論を主張し、陰謀を企て、諸藩を鼓舞し、兵力を以て朝廷に迫ろうとした」ということになり(『国事十』)、早々に東京に送ることとなった。

すなわち、①久留米藩の古松簡二や高知藩脱藩岡崎恭助らとの反乱の共謀、②山口藩の奇兵隊ほか諸隊の脱徒の潜匿、③大楽源太郎への武器供与の疑い、この三つが、高田が東京へ護送される罪状であったとみてよい。

高田源兵処刑と「明治の大獄」

東京に送られた高田は、再び糺問された。「高田糺問口書」は、A4（四〇字×四〇行）でわずか二枚弱である。内容はさきの『国事十』の「引取書」と大きな違いはない。その最後には、次のようにある。「私儀元来方向を誤り、山口藩奇兵隊脱徒のしわざを正義と心得ました。古松簡二や岡崎恭助らと申し合せ、脱徒に協力し諸藩を鼓舞し、兵威をもって闕下《けっか》（宮城）に迫り、外国との御交際を断ち申す可くと謀り、はたまた重い御布告に背き、脱徒数名を潜伏させ、のみならず大楽源太郎が熊本藩内豊後鶴崎の藩庫にある兵器弾薬借用を申し出た時、貸渡しはできないといいながらも、勝手に取出すことについては、それにまかせるつもりでいたことは、不届きでありました。御吟味を受け、申し開きはございません。恐れ入ります」と。やはり古松・岡崎らと共謀したこと、脱徒を潜伏させたこと、大楽に武器供与の用意があったことが、高田の罪状であった。

明治四年一二月一三日、「其の方儀、朝憲を憚《はばか》らず、容易ならざる陰謀を企てた始末は不届き至極である。よって庶人に下し斬罪申し付る」という判決が下された（『国事十』）。この日、高田は斬罪に処せられた。

加屋霽堅による「照幡遊冥高田源兵事蹟取調」には、「明治四年十二月十三日、東京府下にて刑殺せらる。時に玄明所縁の者某、偶京にありて、遺骸を解部《ときべ》（刑部省内の係）に乞うて、私《ひそか》に品川東海寺少林院中に埋葬するのみ。もとより聖朝の罪人なれば、碑文等あるべくもあらず。友人無名氏（名前を記すことが出来ない人）の為に詩を賦し、遙かに哭して曰わく。赤心報国怨難平

竹帛須垂千載名　今日祭文唯古語　皇天上帝眼分明」とある。

ところで、政府要人の中には、「彦斎（源兵）が生きている限り、枕を高くして寝られない」という者もいた。要人の中でも久留米、福岡、秋田三藩に加え、熊本藩の攘夷派の動向に腐心していたのは木戸であった。木戸は特に、久留米藩では古松、熊本藩では高田の動きを注視していた。その木戸とともに、熊本藩権大参事の米田虎雄を通じて、勤王党の指導者の取締りに手を尽くしたのは廣澤真臣であった。その廣澤が暗殺されると、木戸はいっそう攘夷派の弾圧に執念を燃やす。明治四年三月、政府は久留米藩を、翌月に柳河藩を制圧した。四月二九日、太政官は、水野正名を水戸藩、小河真文を弘前藩、古賀十郎を東京府、他の関係者八名も東京府へ引き渡すよう指示。同日、熊本藩士高田源兵（河上彦斎）、柳河藩士久保田邦彦、江口瀬兵衛を至急東京へ護送するよう、熊本・柳河両藩に達した。政府が攘夷派の処分を急いだ理由は、七月の廃藩置県が控えていたことも理由にあった。さらに廃藩置県後にはまた、岩倉使節団の出発（一一月）が控えていた。

使節団の副使に任命された木戸は、「明治の大獄」で処罰対象となった当春以来の「不良徒」の処刑を急がせた。そして明治四年の九月迄に、「久留米藩難事件」や「二卿事件」、いわゆる「明治の大獄」関係者の「口述書」もほぼ整った。高田の「糺問口書」の日付も、九月一八日である。そして一〇月二九日に、「明治の大獄」関係者二二五名の「断刑伺」（処刑案）が提出された。若干の調整が行われた後、一二月に入って刑が執行された。木戸は刑の執行が近いことを、京都府大参事槇村正直に知らせたあと、一一月一〇日、岩倉使節団の副使として東京を出発している。

一二月三日からはじまる処刑は、「『攘夷党』を危険視し、憎悪し続けた参議木戸の、まさしく置土産にほかならなかった」（佐藤誠朗）。

第七章

廣澤真臣暗殺事件と中村六蔵

「中村口述書第百四十四条」から

翌八日（明治四年正月八日）もう一日相模屋で遊興し、同夜九時過ぎ頃だったと思う。また帰って来ると、宿の者に言い残し、両人で品川を発って、本通りを緩歩し、日本橋を渡り、それから堀に沿い九段坂上の廣澤邸前に到着したときは、すでに夜半過ぎであった。初めて自分は品川に於て、山口迅太郎に対し、窃《ひそ》かに談ずるに、「人の寝室に忍び入るとき、二人並行すればその睡《ねむり》を破り、覚知されるだろう。どちらかが単身踏入るがよい」と。よって、そのことの実行に臨む前後の事を約するに、迅太郎がいう、「先に鍋町での失策がある。今回のことは、我れに譲れ。この後の木戸については、汝に任せよう」と。そこですなわち、これを了承した。両人にて廣澤邸横に回り、板塀の側に至り、迅太郎は邸中の動静をうかがうため、先きに踏み越え、邸内に侵入した。自分は塀外にたたずみ待っていた。およそ二十分間程と思うが、迅太郎が来て、家内はすでに寝静まっているというので、自分も塀を越え、夜中で様子が判然と見えにくかったが、樹木のある庭面だった。迅太郎ともども雨戸の外に到り、迅太郎が「おれがやる」といい、戸口だったか分からないが、戸の下に手を掛け引き外し、迅太郎はそれから縁側に上り、およそ五、六分間もたったと思うが、障子を引き開ける音がするやいなや、「バッタ」「バッタ」と音がした。迅太郎の声にて「ヤツタヤツタ」というのを、自分は雨戸の外で承知し、直ちに縁に上り、開いた障子の処から窺《うかが》い見ると、参議は血に染まり切り斃され、婦人が「ヒヨロヒヨロ」と逃げ出したのを見認《みと》め、迅太郎と直ちにその場を立ち去り、縁を飛び下り庭に出て、家の後口に廻り、小屋のような物の脇より塀を越え、街路に立出で候。

リアルな暗殺の現場

廣澤が暗殺されたのは、正月九日払暁ということになっている。中村六蔵と山口迅太郎のふたりが、午後九時過ぎに品川の相模屋を出て、九段坂上の廣澤邸前に着いたのは、「夜半過ぎ」であった。すでに日が改まって、九日になっていたと思われる。

中村は、廣澤邸の外にいて、直接手を下してはいない。直前に山口が、「鍋町での失策（山口迅太郎と鍋町事件については後述）があるから、今回は俺にやらせてくれ。木戸はおまえにまかせよう」というので、中村もこれに従った。廣澤を斬ったのは、山口迅太郎である。迅太郎が邸内に忍び込み、邸内の様子をうかがい、その機会を待つ。二〇分ほどたって、「バッタバッタ」と音がした。続いて迅太郎の「ヤッタヤッタ」という声がした。中村が開いている障子の間から中をのぞき込むと、すでに参議は斬り斃され血まみれだった。傍らにいた婦人が、「ひょろひょろ」と逃げていくのを中村はみた。ふたりはすぐに現場を立ち去り、街路に出て逃げた。

リアルな暗殺現場の様子である。しかしこれは、中村の作り話である。御存知のように、廣澤真臣暗殺事件は未解決事件で、今日まで犯人は明らかになっていない。中村は明治一〇年一一月に長崎で捕縛され（廣澤暗殺事件から六年以上経過）、東京高等裁判所に送られた。その後の取り調べで、このような嘘の供述をしたのだが、それは何故だったのか？また、当時の政府高官たちに衝撃を与えた、廣澤真臣暗殺事件とその影響とはどのようなものであったのか。

岩倉の西下と御親兵

まず、廣澤暗殺直前の政治状況を、簡単にみておきたい。山口藩脱隊騒動がおこると、西郷と鹿児島藩は奇兵隊ほか諸隊に対して、同情的な態度をみせた。これに対し、山口藩と木戸・廣澤らは、徹底的にこれを弾圧した。ここには、藩兵を解体し廃藩を志向する山口藩と、藩を維持したまま士族国家をめざす鹿児島藩との確執があった。その後、いわゆる「薩長不和の風聞」が流れた。明治三年五月、鹿児島藩は皇居を守衛する「徴兵」（薩長土三藩が交替で出していた）を鹿児島に撤収させた。このため一時的に、東京には鹿児島藩兵がいなくなった。さらに九月、鹿児島藩は「徴兵解免願」を提出した。この頃、鹿児島藩士で政府の官吏であった者も、帰藩させている。要するに鹿児島藩は、新政府から一時、手を引こうとしたのである。

この鹿児島藩の「不穏」な情況を何とか打開したい（鹿児島藩を中央に復帰させたい）政府は、西郷と島津久光の上京を促すため勅使を派遣することになった。この勅使には、岩倉具視が任命された。岩倉自身も、その役割をじゅうぶん認識して、この度の「西下《さいか》」を引き受けた。

明治三年一一月二九日、大久保と木戸を乗せた船が、横浜を出航した。京都にいる岩倉を大阪で迎え入れた船は、一二月一五日に出航。一八日に鹿児島に着いた。勅使を交えた鹿児島藩側との折衝の末、一二月二二日、西郷は藩兵を率いて上京することを承諾した。ただし、島津久光は体調不良などを理由に上京を先延ばしし、この時は同行しなかった。勅使による上京の要請を、久光が断ったことは、天皇の命令を拒否したに等しい。久光は、西郷以上に政府への不信感を態度で表した。いっぽう、勅使岩倉と大久保、木戸の目的は、鹿児島藩を他の不平士族から切り離すことだったから、西郷を伴って東京へ帰ることは、その目的の大部分を達成したといっても過言ではない。

明治四年一月七日、西郷を伴った勅使一行は山口に入り、一七日には高知へ着いた。そして一月下旬、一行は東京に到着した。少し遅れて高知藩の板垣退助が東京に着き、二月初めに薩長土の三巨頭（西郷、木戸、板垣）が、東京に会した。それとともに、約一万といわれる三藩から徴集された「御親兵」も東京に集結した。よく知られるように、この御親兵は天皇を支え、来たるべき廃藩置県の「物質的力（軍事力）」となるべきものであった。こうして岩倉の西下は、当面鹿児島藩を不平士族から切り離し、廃藩のための軍事力を得ることに成功した。

いっぽう西郷はといえば、自ら率いる鹿児島藩兵の軍事力を背景に、中央政府の根本的な改革にのりだすため、入京を決意したといわれる。西郷の入京後、巷では「翌年二月挙兵」らしい、というまことしやかな噂も流れていた。しかし、中央政府ではすでに廃藩置県にむけた路線がほぼ確定しており、鹿児島士族の廃藩阻止の期待を実現することは、事実上不可能であった。山口藩を代表する木戸はもちろん、高知藩兵を率いる板垣も、鹿児島藩の「士族王国」の存続には否定的であった。要するに廃藩置県はすでに既定路線であったといえる。そしてその後、鹿児島士族の士族国家樹立の期待は、廃藩置県の断行であえなく裏切られることになる。

廣澤真臣暗殺と政局

勅使岩倉らが西下している間、いい換えれば大久保、木戸らが不在の間、東京の治安維持を一手に引き受けていたのは、参議廣澤真臣（東京府御用掛兼任）であった。その廣澤が、暗殺されたち（明治四年正月九日払暁）前日に認めた書簡（宛名不詳）で、廣澤は「実に当春は、不良を謀るの徒たちが寒胆させています。それぞれ断然たる御処置（弾圧）がなければ相済まざる次第」だという。そして「浪士たちを厳しく処置するの案」を自らたてるとして、「彼等のため暗殺に逢うか、彼等を早く断頭するか、ふたつにひとつであって、不屈不撓《ふとう》饕れ《たお》て止矣《やむ》と申すまで尽力する決心」であると、不平士族（反政府攘夷派）弾圧の決意を述べている。また同じ書簡では、ひとりの柳河藩士を手配中であるが、これを捕らえたならば、「鎮西の情実も明瞭になるので楽しみにしている」とも述べている。中央政府の高官たちにとって、中でも廣澤には、柳河はじめ九州諸藩の情況が気がかりでしかたなかった。

廣澤参議暗殺事件の犯人は、現在に至っても不明である。つまり、「未解決事件」である。事件から一〇日ばかり後に、神戸で廣澤暗殺の報に初めて接した木戸孝允は、「実に驚愕」し「只々夢心地」のようで「一同茫然」と、その衝撃を記している。木戸にとって廣澤は、唯一無二の盟友であって、廃藩に向けた路線においても良き理解者であり実行役でもあった。その廣澤を失ったことは、木戸には最大の痛手だった。大久保もまた「実に残念切歯」「何とも申し難く候」といい、岩倉は、厳しく探し出すことを命じた。木戸は、廣澤暗殺の犯人を外国人暗殺者同様に、厳しく、このような狼藉を働く者が何万人いたとしても、「今度こそは根を断ち葉を芟《か》るへし」と三条らに述べている。事件後、不平士族への取締りはいっそう強化された。廣澤暗殺事件は、反政府攘夷派ほか不平士族に大鉄槌が下されるきっかけとなった。

参議、すなわち大臣クラスの暗殺事件は、明治二年一月の横井小楠（参与）、同年九月の大村益次郎（兵部大輔《ひょうぶだゆう》）に次いで三件目であった。政府はこの事件を、極めて重大視した。『防長回天史』には、「正月九日暁参議廣沢眞臣東京ノ自邸ニ暗殺セラル　天皇震怒兵部省ヲシテ諸門ノ警衛ヲ厳ニセシメ府下及ビ近傍地方官ニ令シテ厳密ニ賊ヲ捜捕セシム」とある。天皇が激怒し、犯人の捜索はこれまでになく厳しいものとなった。『防長回天史』は続けて、「諸官員、宮華族家人陪従ノ者、并《ならびに》府藩県士族卒、及私塾生徒、其他末々迄」、昨夜から外出した者の「刻限行先」を厳しく問いただすよう地方官に厳命した、とある。

米田虎雄への嫌疑

事件後、廣澤の私邸（事件現場）にいち早く駆けつけ、検屍をしたのは弾正台（のちの司法省）小巡察の長沼東夫（熊本藩士）であった。検屍後、長沼は廣澤の妾（愛人）から、犯行当時の様子と犯人の手がかりについて、事情を聴取した。すると彼女は、次のように答えた。

「昨夜参議と枕を並べて寝ていたところ、夜更けに何者とも知れない者が、座敷の雨戸を開け放って忍び入り、刀を振るって参議を惨殺（斬殺）した。その物音に驚き目を覚ました。強盗かと思い『金が欲しいならあげるから』というと、『金は不用だ』と言いすてて立ち去った。その男は頭巾で顔を包んでいたので、面体は見分けがつかないが、言葉は肥後人で、米田虎雄氏の声にそっくりだった」と。

驚いた長沼が、このことを藩の重役である米田に知らせ、逆に藩邸内の獄に入れられたことは既に述べた。事件後、政府とその周辺が疑心暗鬼に覆われ、混乱状態だったことを示している。しかし、「肥後人が犯人ではないか」という疑念は、のちのちまで拭いきれなかったという。ところで廣澤の愛人は、なぜ米田虎雄の声色を知っていたのか。廣澤と米田は、廣澤の私邸で会ったことがあるとしか考えられない。米田は廣澤との関係について、のちに次のように語っている。

「長州の大楽源太郎や、柳川の廣田彦麿、それにわが藩（熊本藩）の高田源兵らが秘かに結託して『不軌』（反乱）を企んでいることを探知した。そこで佐々木高行、大久保利通、廣澤真臣らに話した。「ある夜廣澤は、書面を私に渡して、彼の一件（反政府攘夷派士族の弾圧）は、大隈重信とも謀った。大隈も同じ意見で、機先を制して鎮圧すべきだといった」。そして「できれば廣田彦麿捕縛の任を引き受けてくれないかといった。そこで私はこれを引き受けた」と。

つまり米田と廣澤は、反政府攘夷派の弾圧、特に柳河藩の廣田彦麿捕縛のために、協力し合っていた。その過程で、廣澤の私邸で二人が会っていたものと推測される。米田はさらに、嫌疑が拭われた事情を次のようにいっている。「長州の野村素助（素介）が来て、早い機会に弁明しないと疑念がはれないのではないかという。そこで、事件の一昨日前に廣澤に会って廣田の件について話をした。その時、廣澤が私にくれた、廣田捕縛依頼に関する書面を野村にみせた。すると野村は、『これであなたの冤罪は雪がれた。この書面をしばらく私に貸してくれ。これをあなたへの疑いをはらすために用いたい』といった。こうして野村の尽力によって、嫌疑はぬぐわれた」と。なお米田と野村は、かつて熊本で時局を論じ合ったことがあり、それ以来親交を重ねてきたという。

ところで廣澤が米田に渡した、米田の嫌疑をはらす証拠となった「廣田捕縛の依頼書」は、その後失われたという。しかし廣澤が、日田県一揆（明治三年一一月）鎮圧のための熊本藩の出兵や高田源兵逮捕（同年同月）について、米田の功績と手腕を高く評価している書簡（明治三年一二月五日付、廣澤より木戸孝允宛）がある。確かに廣澤は、米田を大いに評価、信頼していた（『国事十』）。

廣澤参議暗殺の嫌疑者たち

廣澤暗殺から一週間ほどたった、正月一五日、柳河藩の廣田彦麿ら二〇名弱の「暗殺嫌疑者」が捕縛された。廣田は廣田八幡宮（現福岡県みやま市）の神職で、尊王攘夷運動に身を投じた。戊辰戦争の時、有栖川宮熾仁親王直属の蒼龍隊の隊長を務めた経験がある。廣澤暗殺の嫌疑をうけ、捕縛されるとき、激しく抵抗したことから明治九年まで投獄された。廣田のほかにも柳河藩の者が三名、また元蒼龍隊員が一名いる。廣田の周辺、親交のあった人々と推測される。

そのおよそ一〇日後の正月二四日、『国事十』には、「本藩（熊本藩）偵吏京都に於て廣澤参議刺客連累探索の厳重なる旨を報告す」という記事がある。そこには、冒頭に「廣澤事件聞書」とあり、「今般廣澤邸宅へ乱入の徒は、何れも草莽輩にてその内壱人は東京にて縛れたりと。そのものの白状振りにては、浮浪人ども先達ってより当府下（京都）へ潜入いたし、皇国の御為にならぬ人を天の命を承り、これを罰するなりといい立てしよし。その草莽の輩は、山口藩も交り居り、鹿児島ならびに熊本、会津、そのほか諸藩の浪人にて（中略）政府官員それぞれ手分けして、皆四方近在へ出張、実に容易ならざる次第に御座候」という。いわゆる「草莽輩」が犯人であるとして、しかも山口、鹿児島、熊本、会津などの「浪人」が探索の対象として目を付けられている。そして「この頃、西京（京都）において捕縛方探索姓名」として、四一名の容疑者リストがある。

主な者をあげてみると、「川上彦齊《ママ》、毛利到（空桑）、古庄《ママ》嘉門、木村弦雄」など熊本藩の鶴崎関係者約一〇名、「小河彌右衛門（一敏）、赤座彌太郎」など岡藩八名、山口藩の大楽源太郎、先にあげた柳河藩の「広田彦丸《ママ》」ほか一名、駿府藩では「勝林（麟）太郎」（勝海舟）の名前まである。また、延岡藩も五名あがっている。一見して九州の反政府攘夷派が多いが、中でも鶴崎をはじめ大楽騒動関係者が多いことが注目される。ただし、ここには久留米藩関係者はひとりもあがっていない。ところで、廣澤が暗殺された時すでに、鶴崎関係者の多くは熊本藩によって拘禁されていた。

事件から「五旬」、すなわち五〇日ほど経過しても、廣澤殺害の犯人は見つからなかった。二月二五日には、天皇の詔勅が宣布された。それは、「参議廣澤が暗殺され、朕は大臣を保護することができない。またその犯人を逃してしまった。そもそも維新以来、大臣が殺害されたのは三人に及ぶ。これは朕が行き届かなく、朝憲（国の根本の法規）が立たず秩序が正されないからである。朕は甚だこれを残念に思う」として、改めて「これ天下に令して厳に捜査せしめ、賊を必ず捕獲せよ」と、犯人の速やかな逮捕を命じた。ひとつの殺人事件の犯罪捜査について、速やかな犯人逮捕を求める天皇の詔勅が出されるというのは、極めて異例である。また、天皇の「事件の責任は自らにある」という文言は、有司（特権官僚）はいうまでもなく、警察・司法の末端まで至るまで恐懼するほかなかった。これを受けて、右大臣三条実美は、「詔書の旨（天皇のお言葉）を体し、厳密に捜索を遂げ速に捕獲し、天皇の宸襟を安んじ奉るべく様、尽力致すべく候なり」と応じた。

熊本藩邸での「謀議」

『国事十』には、「廣澤参議刺客連累の嫌疑を以て、江刺県（現岩手県東部ほか）知事山田十郎等数名の職務を免し、我藩に拘禁せしめらるる其外《そのほか》謹慎を命せられたるものあり」とある。「小橋記録」によれば「澤村高俊、小橋元雄、益田勇、鳥居直樹、近藤彦人、西島千郷、野口九平、久我儀之助を東京龍ノ口熊本藩邸の一室に拘禁し、山田真道、長沼東夫、松村秀実、青木彦兵衛、木村真史、佐伯関次を獄に下したり」とある。さらに「朝廷より御不審の筋これあり、謹慎入牢を申し付けらる」とある。

このうち山田真道（十郎）は江刺県知事であったが、不審に思った同県の大参事は、どのような理由で知事を投獄したのか詰問した。すると「朝命である」と答えるだけであった。そこで重ねて行政官に「稟申《ひんしん》」したところ、「藩の具状による」とだけいわれ、ついに要領を得なかった。大参事は、「国事犯関係者と讒誣《ざんぶ》した者があるにちがいない」と確信したという。要するに、さきの人々は確たる理由も証拠もなく、拘束されたのであった。

当時の状況を「加賀山興純手記」（『国事十』）は、次のようにいう。「四年正月九日暁、廣澤参議が暗殺された後は、目付々々の張り番を増やし、夜中の通行人は人別鑑札を改めるようになり、遂に藩邸の門の出入りもまた、厳重に守衛することになり、安場保和少参事から『危険な世の中につき、御門の出入りを厳守せよ』との達しがあった。しかし理由は明示しないので、私らはただ門番になったようなものであった。但し、旧勤王家という人物に、特に着目して警戒するようになった」という。さきにあげた、謹慎・入牢させられた人々は、その多くが肥後勤王党の人々であった。

さらに「手記」は、当時の熊本藩邸の状況を次のようにいう。「当時の藩邸詰は、米田虎雄、津田山三郎、白木為直、安場保和、太田黒惟信らであったが、護久公上京に伴って下津休也、元田永孚、牛島五一郎、嘉悦氏房らも上京した。その後、『下津の御小屋』は、藩庁の出店のようになって、人の出入りも繁く、ここで種々の謀議が行われた」と。続けてその謀議について、「旧勤王家連中で、諸方に奉職している人々を免職させるから、直ちにその者たちを召し捕るべし、というようなことであった」ともいう。こうして先の人々が、捕縛されたうえ謹慎・入牢を命じられたのである。この藩邸詰めの面々は、ほぼ実学党で占められている。つまり「謀議」とは、実学党による勤王党排除のそれである。

ただしこのような事は、実学党が独断でやれることではない。捕縛された者たちは、すでに政府に奉職している者たちでもあったから、当然、政府の了解のもとに行われた。いっぽう実学党政権も、政府の方針に忠実であった。結局、確たる理由もなしに、政府と実学党によって勤王党の排除が行われた、というのが実態であった。ここでは廣澤暗殺事件が、「政敵の粛清のために利用された」のであった。

東京の熊本藩邸での訊問は、佐伯関次から始められた。訊問には、野村七右衛門という「拷問について罪人に当たり方強気だと称された人」、いうなれば「拷問の専門家」を立ち会わせている。佐伯が最初だったことには、理由がある。佐伯は阿蘇大宮司の家来で、弾正台の召喚に応じ、大宮司の名代で上京していた。横井小楠暗殺後、小楠の著書とされる『天道覚明論』が見つかった。ここで小楠は、共和制導入と「廃帝」を主張しているとされた。そのことで、横井暗殺を正当化しようとしたのであった。当時の弾正台（警察と司法の権限をあわせもつ）は尊王攘夷派の巣窟で、横井や大村暗殺犯たちを擁護する動きをみせていた。いうまでもなく横井は、熊本実学党の中心人物である。横井を暗殺し、さらに偽書『天道覚明論』まで捏造し（阿蘇大宮司が関与していた可能性がある）、横井暗殺犯を擁護しようとする勤王党や弾正台の攘夷派を、実学党政権は許すことができなかった。

佐伯に対する拷問は、凄惨を極めた。その拷問を実見した藩吏は、「残酷にして名状すべからず」と述べた。拷問後、両脇を抱えられた佐伯の両足は「ブラブラ」と垂れ下がり、地を引きずった。「拷木」という数本の三角の木で造った台に座らせられ、膝に石の重しが乗せられた。すねは出血が夥しかったという。佐伯は連日の拷問に耐えきれず、数日後に獄中で縊死した（明治四年四月二五日）。

佐伯の次は、弾正台小巡察長の長沼東夫であった。長沼は既にのべたように、廣澤暗殺の現場にまっ先に駆けつけた人物である。長沼もまた、肥後勤王党のひとりであった。長沼も佐伯同様の苛酷な拷問を受けた。長沼も獄中で、自死しようとした。しかし包帯で造った綱が切れ、その音に気づいた牢番が長沼を介抱した。長沼は死にきれなかった。長沼はこのままでは何時か殺されるだろう、また自分の後にも拷問による犠牲者が出るだろうと考えた。そこで長沼は、自分が廣澤暗殺の犯人だと自供した。彼の取り調べ官は、「大いに歓び、自白が遅かったのは遺憾」だといい、数日後殺人犯として司法省に送致した。

しかしこれは、長沼の作戦であった。長沼は司法省の審問で、理路整然と自分が犯人ではないことを陳述した。司法省の担当官も、この陳述に何ら反論することはできなかった。結果的に、死罪を覚悟していた長沼は、無罪放免となった。司法省内においても、熊本藩内での実学党と勤王党の間に激しい軋轢がある事が知られていた。その後、「朝廷の罪人を、特定の藩内で訊問することは不都合である」とされ（政府の司法権を熊本藩が侵害していることになる）、藩庁の嫌疑者にたいする待遇も変わったという。拷問も、長沼が最後であった（『国事十』）。

山田真道の批判

もと江刺県知事山田真道（十郎）も、実学党政権を厳しく批判する。このようないわれなき嫌疑をかけられ捕縛されるような事態は、「全く党派の私情」から生じたもので、反対党（勤王党）を死地に追いやるために行われたのだという。「小生らが、高田源兵衛の徒に声息を通じたことがあるだろうか。草蒙（草莽）書生輩と出入りをしたことがあるだろうか。諸方との往復書簡中に朝政を妨害するような形跡があっただろうか」という。そしてこれは、「冤枉《えんおう》」（冤罪）に陥れるものであると、批判した。最後に、未だに（この宛先不詳の書簡は明治五年九月のもの）「党派の情」

が解けない状態が続いているとしている。

山田も、勤王党のひとりであった。しかしここで山田は、「高田源兵衛の徒」と同じようにみられていることを嘆じている。「高田源兵衛の徒」とは、おもに鶴崎を拠点にしている反政府攘夷派をさす。勤王党は明治二年頃から、①新政府の官吏となる現実路線派（山田はここに属する）、②反政府攘夷派（高田源兵を中心とする鶴崎グループ）、③林桜園の教えに従い秘技的な信仰結社化したグループに分裂していた。なお、③のグループは、明治九年に敬神党の乱（神風連の乱ともいう）を起こすことになる。党派の私情が解けないというが、山田もその「党派の私情」を抱えたままであったように思われる。

このように熊本藩では、廣澤真臣暗殺事件を契機に、実学党政権が反対党である勤王党の徹底弾圧を図った。民政では「開明的」政策を展開した実学党であったが、政争は「権力」としての性であるかも知れない。同じようなことは、政府内でも起こった。当時宮内大丞で、もと岡藩の尊王攘夷派の重鎮であった小河一敏も、この事件を契機に捕縛され表舞台から排除された。彼もまた、攘夷派のひとりとして、暗殺事件の嫌疑をかけられた。だがここでは、小河を兼ねてから嫌っていた大久保利通が、この事件に連座させて免職させたともいわれる。政府関係者の相互間の党派対立や疑心暗鬼も、この事件を契機として高まっていた。

中村六蔵にも嫌疑

事件後、一〇日ほどして、熊本藩邸内の米田虎雄宅に数名の官吏が集まり、廣澤暗殺事件に関する意見交換会が行われた。そこには探索方の荘村省三（第五章ですでに登場している）も出席し、中村六蔵に関する情報が報告された。すでに中村六蔵が、容疑者として捜査線上に上がっていたのである。ほかの出席者からも、事件前後の中村の動きについて報告があった。

荘村の「廣澤参議暗殺に関する探索報告書」によれば、中村について次のようにある。「平井丈之助（譲之助、中村の本名）という者がいる。彼は容貌が米田虎雄に甚だ似ているという。廣澤公の妾茂《ママ》（正しくは「かね」）は、賊の容貌は米田虎雄に似ていて、その言語は肥後人の音声と認められる、と証言したという風聞がある。荘村が熊本にて平井の所業を調査したところ、彼は容易ならざる禍心を抱いて、藩地熊本を脱走した者である。今すでに東京にいると聞いている。早々に捕縛にむけ着手すべきである」と。ここでも、犯人の風貌が米田に似ている点と、肥後言葉であったということが、中村の嫌疑に繋がっている。暗殺犯が肥後人であったという疑いは、その後もずっと拭えなかったという。

いっぽう先の中村の動向について、中村と交友関係があった早川助作（熊本藩士。明治三年に熊本藩少参事となり、藩政改革に従事）は、次のように反論した。「平井（中村）はこの事件には関係していない。廣澤事件の一〇日前頃には、東京を離れている。実は昨冬（明治三年の冬）、生活に窮した平井が金子を無心しにやって来たことがあり、その折、一刻も早く帰国するよう説諭した。平井の知己である井上毅も頻りに帰郷を促し、少々の金銭を与えて東京を離れさせた」と。要するに事件当時、中村は東京にいなかったという。

さらに、「平井（中村）は十二月某日、東京を発し、同十九日横浜で乗船し、直ちに発洋したことに間違いなく、多熊（井上多久馬＝井上毅）はこの見送りのため横浜に罷り越し、平井止宿の船宿等も念入りにみてきたので、十九日発洋させたことには、決して間違いはありません」という、井上毅の証言が決め手になって、「この時は」平井（中村）のアリバイが成立したことになった。なお、井上と中村は木下真太郎（木下犀潭《さいたん》、熊本藩士で儒学者）塾の同門らしく、そこで交友関係ができたようである。

明治三年の一二月に、東京を離れて熊本に帰ったという話は、中村の捕縛後の供述では、どのように語られているのか。これに関してはすでに述べたが、中村の供述でも、一二月に東京を離れたという（第五章）。明治三年一二月一四日か一五日に東京を発して横浜に向かい、数日後に横浜で乗船している。井上毅は一二月一九日といっているが、確かにそれに近い頃である。しかし中村の供述には、井上のことは全く出てこない。中村は古松簡二とともに乗船し、久留米に向かったのである。そして一二月二〇日過ぎ頃、ふたりは久留米に着いている。熊本には帰っていない。そして廣澤暗殺事件がおきた、明治四年正月には、中村は久留米に滞在していた。いっぽう井上毅の証言には、横浜で中村が久留米藩士古松ら（岡崎恭助も横浜に来ていた）といたらしいことは、何も出てこない。何がこの違いを生じさせたのか。違っているといえば、井上の証言は廣澤暗殺事件のおよそ一ヶ月後であり、中村のそれは事件から八年ほど経過した時点での供述である。

東京神田鍋町事件

その後、中村六蔵は各地を転々としながら、結局、明治一一年（一八七八）まで逃げ延びる。この間の逃亡生活については、ここでは割愛せざるを得ない。しかし、廣澤暗殺事件直前に起きた、東京鍋町事件（大学南校英人教師襲撃事件）と中村の関わりについては述べておかなければならない。

この事件は、明治三年一一月二三日、東京府神田鍋町で、大学南校（のちの東京大学）のイギリス人教師ダラスとリングのふたりが、攘夷派士族に襲われて負傷した事件である。同夜ふたりは、午後一〇時頃、ダラスの妾の茶店に行くために、神田鍋町の暗がりを歩いていた。すると突如ふたりは斬りつけられ、逃げる途中、ダラスは二度目の襲撃を受けた。ふたりは近くの民家に逃げ込み、助けを求めた。この間に犯人たちは、行方をくらました。

英人教師襲撃に衝撃を受けた政府は、翌日直ちに公卿・諸侯・政府高官および諸藩に対し、それぞれ配下の当夜の行動につき調査を命じた。そして不審の点があれば、直ちに届け出るよう命じた。しかし犯人はなかなか挙がらなかった。約ひと月後の一二月一八日になって、鹿児島藩士肥後壮七が犯人として逮捕された。これを契機に、さらに杵築藩卒加藤龍吉と関宿藩士黒川友次郎も犯人として捉えられた。翌年、加藤、肥後の両名は絞首刑、従犯とされた黒川は准流一〇年の刑が言い渡され、明治四年三月二八日に刑が執行されている。

この犯人のうち加藤龍吉と黒川友次郎（別名山中春蔵）のふたりが、品川の天野恕一（筑前秋月西福寺二男、岡崎恭助の同志）がいた松岡楼に逃げ込んだ。加藤は町人体に変装させ、中村が案内して沼津に逃がすことになった。加藤は事件当時、山口迅太郎と名乗っていたが、中村とは懇意であった。ふたりは、沢宣嘉（攘夷派のもと公卿、当時は外務卿）を盟主とする、反政府攘夷派の集まりで出会ったという。中村は加藤を、沼津藩の知人宅に伴い、しばらく匿っていた。実はこの加藤龍吉もまた、慶応四年正月に起きた花山院隊事件の生き残りのひとりであった（矢田宏と山本與一も花山院隊の生き残り）。そのため中村と加藤は、鶴崎などですでに会っていた可能性もある。

中村によれば、中村と加藤は、神田鍋町事件直後の明治三年一一月下旬から、一二月はじめ（廣澤暗殺のひと月前）にかけて沼津城下に潜伏していた。正確には、中村が沼津の知人を頼って、加藤を潜伏させていた。ここでふたりは、廣澤と木戸の暗殺を実行しようと約束したという。加藤にとっては、神田鍋町事件は「失策」だったという思いがあって（攘夷派仲間からも非難された）、参議暗殺によって「汚名挽回」を図りたかった。中村がそれに同調したというのである。ただしこの話は、「中村口書」による。中村の「廣澤暗殺談」は、結局、偽証であったから、どこまで真実であるかは分からない。

中村六蔵と改名

明治四年三月、「久留米藩難事件」直前に久留米を去った中村は、その後各地を転々として潜伏生活を続けた。明治一〇年の秋に捕縛されるまで、六年半ばかりの期間であった。本名平井譲之助、そして沢俊造、江村秋八（周八）などと名乗り、また山中一郎という変名もあったらしい。

この男が中村六蔵と改名した事情を簡単に触れておきたい。

久留米を離れてしばらくは、熊本や宮崎の山間地を回遊しながら潜伏していた中村は、その後長崎の福丸屋豊三郎を頼った。明治五年七月頃と思われる。東京で知り合った同志土井作太郎（高知出身の攘夷派士族）に、「長崎にいくならば福丸屋を訪ねるが良い」と聞かされていた。「福丸屋は長崎市中、第一の豪家」とも聞いていた。福丸屋を訪ねた中村は、そこで佐野喜三郎（銀細工職人）と出会う。喜三郎の実父が久留米出身だった事もあって、親しくなり、喜三郎宅にしばらく寄食した。その頃は、製茶所に雇われ、わずかな雇い賃を得る生活だった。

だが喜三郎宅に長居するわけにもいかず、「わずかに両人が膝を容れるに足るほどの小屋を借り受ける」ことになった。しかしその頃、戸籍調査が次第に厳しくなり（いわゆる壬申戸籍の作成が明治五年）、中村のような「未定籍の人」が居をかまえることが難しくなった。そこで喜三郎に相談したところ、喜三郎の父弥助が、「さきに筑前の人が来て入籍の後、『事故があって』逃走し、遂に他の地方で死去した者がいる。中村六蔵というが、その人の戸籍がまだそのままあるらしい。あなたはその名跡を継ぎ、中村姓を名乗るがよい」という。ただしこの事は、弥助の一存ではなく、「その筋の人の厚意」によって実現した。中村もその意に従い、その厚情を感謝して、平井譲之助を中村六蔵に改めた。明治五年の七月か八月頃のことであった（「中村口述」）。こうして中村は、「長崎県平民中村六蔵」の戸籍を得ることになったのである。

中村六蔵の捕縛

中村六蔵は、捕縛されるちょうど一年前頃から、長崎の大浦で説教師のような仕事をはじめていた。中村はそのあたりの事情を、次のように語っている。「長崎の大浦は、人口も戸数も稠密である。しかし住民はといえば、大抵無頼者で財産も有しない。また淫売の巣窟で、風俗も頽廃している。大浦は大港の一角で、外国人も注視する場所である。そのような場所に悪風がはびこるのは、見るに堪えない。そこでひとつの教会を開設し、教法を宣布し、人民に法令を知らしめたいと思った」と。周囲の協力も得て、「手広なる家屋」を借り受け、明治九年一一月中旬頃から、大浦の居民に説諭をはじめた。はじめは週に二度、夜会を開いた。そこでは、「教旨を説き、あわせて『違《い》式《しき》詿《かい》違《い》条例』および『学問ノ勧メ《ママ》』、あるいは新聞紙等より論正しく、語簡素なる文を撰び、これを講じたり」という。来聴者は、多いときには二〇〇人を超えたという。

この盛況をみて、近傍の真宗寺院の僧徒たちが危機感を抱いた。そして中村の説教は「邪教」を説いているといい立て、陰に陽に夜会を妨害しはじめた。中村は実は、明治八年頃から長崎のイギリス人に就いて、キリスト教を学んでいた。宗教間の対立が、背景にあった。すると間もなく、空き家を借り受けることが難しくなった。また、明治一〇年二月に西南戦争がおこる頃に、中村の夜会はついに廃絶に追い込まれることになった。

その後中村は、自活しながら学問を続けるべく、長崎の「小田の原」近くにわずか一反歩の畑を借りた。そうしているうち、明治一〇年一一月二六日の夜、長崎の「浜の町の警察署」によって捕縛された（「中村口述」）。この時は、沢田衛守殺害の容疑で逮捕されたのである。ところが中村は、長崎上等裁判所検事局から、東京上等裁判所検事別局に移されて尋問を受けた際、故山口迅太郎とともに廣澤邸に押し入り、山口が廣澤を斬殺し、自らは現場にいてそれを見届けたという供述を行った。その時語った暗殺現場の模様が、本章の冒頭にあげた中村の口述書の一部である。明治一一年一二月一二日、司法卿は中村の審理を大審院に指令した。

当時、中村の逮捕と取り調べは、社会一般の注目を浴びている。明治一一年一一月五日付の『郵便報知新聞』は、「廣澤暗殺の嫌疑者六十余名　而も真犯人遂に判明せず　古荘嘉門、沢俊造首《ママ》犯と見らる」という見出しで、つぎのように伝えている。「故廣澤参議暗殺の獄に関係の者は、すでに六十七人の多きに及びたるが、今の処にては、中村六蔵と偽名する沢俊造並に古荘嘉門の両人が首犯と見られ、その他はすべて連累の様子なるが、その中の一人なる古松簡《ママ》次は、去る明治七年中、他に犯せる罪ありて縛に就き、司法省の獄に繋がれ、翌八年終身懲役の刑に処せられたるに、是もこの事件に関することあるとて、先頃より再び召出されてお調べ中」と。容疑者が六七人もでたというのも驚きだが、それだけ調べても、事件から八年たっても、犯人は分からなかった。それも手伝ってか、中村の逮捕は世間を騒がせ、廣澤暗殺事件の再調査が行われることになった。中村六蔵逮捕に関連して、古荘嘉門、木村弦雄、村尾敬助の三人も容疑者として逮捕され、訊問が行われた。ただし、いずれも沢田衛守殺害事件への関与が疑われたものである。

中村六蔵の偽証と処断

中村は、冒頭の供述のように、いったん廣澤殺害を認めた。それは何故なのか。これには、沢田衛守殺害事件が関わっている。ある日の訊問で、検事の語勢が急に和らいだ。そして検事が中村に、次のように説諭する。「その方は、沢田殺害事件では、国事犯にあたると思っているようである。しかし、人を殺して死者の所持品を、たとえ扇子一本でも奪えば、これは強盗である（中村は沢田の胴乱を奪っている）。その方がもとより、強盗をする意志がなかったことは認めるが、法律上は強盗である。ゆえにもし廣澤参議暗殺事件に関わったことを自供して、その処分を受けるならば、強盗の名は免れるであろう（廣澤暗殺では国事犯）。廣澤暗殺では、その方は（殺害の時、外で待っていたとすれば）従犯である（主犯でなく従犯ならば罪が軽くなる）」と。これは検事の「調べの掛け引き」（誘導尋問）であることは、中村もすぐに分かった。しかしこの説諭のような誘導訊問が、なんと一四～一五日間も続いたという。

中村は次第に、次のように考えるようになっていく。「熟考すれば、このままであると、自分はまさに強盗の罪になってしまうだろう。そうなれば、汚名を千載に残して死に就くことになる。これは如何にしても残念なことである。同じ訊問が繰り返され、自分も実に憤激に堪えず、遂に死を覚悟する心を生じた」と（「中村口述」）。こうして本章冒頭のように、廣澤暗殺は山口迅太郎と中村のふたりで実行し、廣澤を直接殺害したのは山口だと自供するに至った。このときさらに、廣澤殺害を命じたのは高田源兵であるとも述べた。有終館閉鎖が決まり、中村が鶴崎を去るとき、高田が中村に六〇円を渡して参議殺害をほのめかしたというのである。こうして、中村は暗殺に関わったが、その命令は高田が行い、主犯は山口ということになった。高田も山口も、すでに故人である。

ところが翌明治一二年三月三一日、大審院判事西岡逾明が訊問にあたったところ、中村はさきの自供をひるがえし、強盗犯として処刑されるのは不名誉であるので、あえて廣澤殺害の虚偽の中立を行ったと述べた。こうして中村の裁判は行き詰まり、大審院において特別裁判が行われることになった。

特別裁判は裁判官を増やし、裁判官の合議とその投票によって有罪無罪を決定することになった。明治一三年三月二二日の裁判官合議投票では、全員一致で中村の無罪（廣澤暗殺事件）の「票決」がなされた。そこで同法廷では無罪の判決をなし、別件の沢田殺害事件については、別に通常の手続きにより裁判することになった。後者の裁判では、中村は有罪となり禁獄一〇年が言い渡された（明治一三年六月一日）。刑が確定して、長い歳月を獄中で過ごした中村が出獄したのは、明治二二年（一八八九）年のことであった（大日本帝国憲法発布の恩赦による）。

迷宮の廣澤暗殺事件

事件後、多くの嫌疑者が挙げられたが、そのほとんどが反政府攘夷派の面々であった。高官が殺害された事件、例えば横井小楠や大村益次郎暗殺の実行犯たちも、この攘夷派の人々であった。これらの事件では、間もなく実行犯が捕縛された。しかし、廣澤真臣暗殺事件は、迷宮入りした。しかし政府は、この事件を通じて攘夷派の一掃をはかった。

廣澤真臣暗殺事件をめぐって、政府とその周辺では、さまざまな噂が飛び交った。犯人は雲井龍雄一派の残党であろうとか、樺太問題に廣澤が異を唱えたから丸山作楽が腹いせにやったのだろうなど。また、宮内大丞小河一敏が鳥取藩お預けになったのは、かねてから小河を憎んでいた大久保利通が排斥した、という噂もあった。疑心暗鬼の空気が政府周辺を覆ったが、それは大小各藩にも及んだことは、熊本藩の事例でみてきた。

本書でも何度か登場した岡崎恭輔（高知藩脱藩士、明治四年二月上旬に捕縛）も、廣澤暗殺犯の容疑者として取り調べを受けた。しかも、容疑者の中でもかなり、真犯人の可能性が高いと目された（物的証拠とみられる物が、いくつか押収された）。裁判官としての公正な裁きから、「明治の大岡」などと称された玉乃世履《たまのよふみ》（岩国出身の裁判官）が、その岡崎を訊問したときのことである。玉乃が岡崎に「廣澤参議を殺したのは誰人か」と問うと、岡崎は「知らない」と答えた。重ねて玉乃が「おまえが知らない理はない。知らないなら、正に想像を以て答えよ」というと、岡崎は「追窮《ママ》しないのなら答えよう。それは木戸参議であろう」と答えたという（『続土佐偉人伝』）。玉乃はただ、恐らく苦笑しながら、頷くしかなかった。また、木戸に陥れられたといわれる前原一誠も、刺客は木戸であると語ったことがあるという（尾佐竹）。なんと、廣澤の盟友参議木戸孝允が真犯人だろうという、実に笑えない話まで噂されたのである。

事件直後から拘束され、長期にわたって訊問され裁かれたのは廣澤の妾かねであった。かねと私通したいう家令起田正一も、同様に長期間拘留された（そのほかにも、廣澤家周辺の関係者で捕縛された者がある）。彼女らが無罪となって解放されたのは、明治八年の七月のことであった。およそ四年もの間、彼女らは拷問を伴う取り調べに耐えねばならなかった。そして明治一〇年に新たに逮捕されたのが、中村六蔵なのであった。

廣澤暗殺事件をみるとき、筆者がいつも思うことがある。それは、最も暗殺を警戒せねばならなかった高官廣澤が、かくも「簡単に」殺害されるものかと。しかもわずかひとりかふたりの刺客に、しかも自邸内で殺害されたのは何故なのかと。ところで、戦前を代表する法学者尾佐竹猛は、事件から半世紀余りあと、次のようにいっている。「廣澤真臣暗殺事件は明治史上の一大疑獄で、今に至るまで犯人の知れない不思議な事件である。如何に明治初年の警察は不完全であったとはいへ、苟《いやしく》も参議の顕職に在る者が殺されたのに、その加害者が捕まらぬというのは不可解千万である」と（『疑獄難獄』）。

第八章

九州攘夷派と「明治の大獄」

「中村六蔵水雲事蹟」から

当時、薩長土肥強藩政治の非を憤り、これを匡正して真正なる王政に挽回せんと欲するもの、独り彦斎（高田源兵）のみにあらず、九州には久留米に水野景（渓）雲斎、小河直（真）文、古松簡二の党あり、柳川に廣田彦麿の党あり、秋月に宮崎車之介の党あり、香春に静野拙三の党あり、中国には山口に大楽源太郎、前原一誠の党あり、四国には土州に岡崎恭助、森某等あり、東国に在ては武州に里見剛之介の党あり、秋田に福岡敬次郎（初岡敬治）の党あり、なお政府の中に於ても此論を唱える者あり。その最たるものは弾正台の古河（古賀）十郎、外務省の丸山作楽あり。いずれも彦斎が有終館と声息を通じ、もし乗ずべき機至らば一時に蜂起して以て目的を達せんものと密々謀略を運《めぐ》らしつゝありたり。（中略）然り而して、当時反政府論者は前記の外各藩到る処に多々あり。憤慨の声は野に充ちてり。而して大多数の意見は――二三強藩が我が大政府を私有物視し、秉政《へいせい》（政権を独占すること）出令、独りその野望を遂げ、財政兵政独り跋扈を逞《たくま》しうして、猥りに日本国民を蹂躙すと言う点に於て一致し居りたりしなり。

明治政府の危機的状況

明治二年一一月に始まった山口藩脱隊騒動から、明治四年五月の久保田藩初岡敬治事件まで、このおよそ一年半は、明治政府にとっては存亡の危機にあったといえる。それは、①山口藩脱隊騒動（明治二年一一月～）、その延長としての②大楽騒動（三年二月～、一一月の日田騒擾を含む）、③米沢藩士雲井龍雄事件（三年一〇月～）、④大学南校英人教師襲撃事件（三年一一月～）、⑤廣澤真臣暗殺事件（四年一月〜）、⑥二卿事件（四年三月〜）、⑦久留米藩処分（四年三月〜）、⑧久保田（秋田）藩士初岡敬治事件（四年五月〜）など、各地の攘夷派士族による反政府事件が相次いだからである。

それればかりではない、明治三年後半から、「天朝」（天皇政府）の貢租増徴政策に対する、農民一揆が相次いだ。明治三年一一月の日田県一揆・胆沢県騒動・松代騒動、一二月の登米県騒動、中野県騒動、明治四年二月の福島県騒動は、「天朝」支配の直轄地でおきた、農民一揆である（それぞれの県の地理的位置については第五章を参照のこと）。農民一揆は、「天朝」（天皇政府）の支配を根幹から揺るがせた。要するに明治政府はこの時期、反政府攘夷派と天領の農民たちから、挟撃されるかたちで追い込まれていたのである。

これらの二正面からの政府に対する攻撃は、当然、軍事力によって抑え込まれたわけである。しかし実は、この時期の明治政府の軍事力は脆弱だった。戊辰戦争以来、明治新政府は、太政官を通じて全国の藩兵を動員する権限を獲得してはいた。しかし、自前の軍隊（いわゆる「天兵」）となると、それは微々たるものであった。日田県一揆鎮圧の際、巡察使四条隆謌が、京都伏見駐屯の大阪出張兵部省直属二中隊（二七〇余名）を率いたが、これはわずかであった。結局、熊本藩や豊津藩など、周辺諸藩の藩兵を動員してこれを抑えた。また、日田県には「県兵」という名の「郷兵」があったが、これは数千人を超える日田県一揆の農民の前に、全く刃がたたなかった。いうまでもないが、まだ徴兵制以前の時期である。久留米藩処分（久留米藩難事件）を断行した時の巡察使は、「天兵」を率いていない。この時も、実質的に山口藩兵と熊本藩兵によって制圧した（鹿児島藩兵にも「動員令」が出たが、鹿児島藩は藩兵を送らなかった）。

本書中、例えば高田源兵が、熊本藩や久留米藩、さらには山口藩の諸隊を糾合して、天皇政府を転覆するという計画を持っていたが、これは決して空論とはいえない。天皇政府への不信が募れば、どのような状況が生じるか知れなかった（さきの鹿児島藩のように、「動員令」を拒否する事態も想定された）。高田源兵が、政府内の分裂を期待して挙兵を待ったのはそのためである。さらには、この時期、「薩長不和の風聞」も流れていた。鹿児島藩と山口藩のめざす国家構想にはずれがあり、鹿児島藩は反政府攘夷派の事件に同情さえ見せていたのである。

そのような状況を克服するためにも、明治政府はできるだけ早く、廃藩置県を断行しなければならないと認識していた。とくに参議木戸・廣澤らは、それを強力におし進めていた。その矢先の廣澤暗殺は、衝撃以外の何ものでもなかった。

雲井事件・二卿事件・初岡事件

先にあげた攘夷派士族による、反政府事件のうち、③米沢藩士雲井龍雄事件、⑥二卿事件、⑧久保田（秋田）藩士初岡敬治事件の三つについては、拙著では論じてこなかった。ここで、簡単に事件の概要を説明しておきたい。

雲井龍雄事件は、戊辰戦争で官軍に敗れた東北諸藩のうち、米沢藩士雲井龍雄を盟主とする反乱計画である。彼らは、機会があれば旧徳川家を再興しようと願っていた。反乱計画は、表向き浪人を救済すると称し、新政府の名を借りて反乱部隊を編制しようとした。政府に反感を持つ浪人を集めて挙兵し、新政府を転覆しようとするものであった。明治三年四月、政府から嫌疑をうけた雲井が捕らえられ、漸次計画が露顕し、連累者も相次いで捕縛された。東京府で審理が行われ、一二月なって斬刑や流刑などに処せられた（あわあせて五八人）。主謀者の雲井は、「陰謀の首魁」とされ、斬首のうえ梟首された。なお、中村六蔵と雲井は、明治元年春に京都で出会っている。中村は明治三年七月下旬頃、米沢まで出向き、謹慎中の雲井龍雄に面会している（「中村口述」）。

二卿事件の「二卿」とは、旧公卿愛宕通旭《おたぎみちてる》と外山光輔《とやまみつすけ》をいう。ふたりはともに、東京遷都後に衰微する京都にあって、京都と公家たちの凋落を嘆いていた。また政府の西洋化に憤る攘夷派の旧公卿（事件当時の身分はすでに華族）でもあった。ふたりは、天皇・朝廷の権威を分有する盟主として、反政府攘夷派士族、草莽・浮浪たちの期待を集めていた。愛宕通旭は、東京に集まった各藩の反政府攘夷派や、脱藩士に担ぎあげられ、反乱計画をすすめた。いっぽう外山光輔は京都にあって、やはり家扶や不平士族、各地の攘夷派「草莽」らの盟主となった。外山たちのグループは、久留米藩の兵力を動員する計画をたてていた。暗殺された廣澤真臣は、すでに二卿事件について捜査をはじめていたという。廣澤暗殺事件後、二卿と取り巻きの一斉摘発がはじまる。その中心となったのは、山県有朋であった。三月七日に外山光輔が京都で捕縛、三月一四日に東京で愛宕通旭が捕縛されると、連累の人々が次々に逮捕された（「二卿事件」については、東京の愛宕グループの陰謀と摘発を「愛宕事件」、京都の外山グループのそれを「外山事件」と別々にいう場合もある）。二卿事件と、いわゆる「久留米藩難事件」（久留米藩処分）とは、直結した事件ではないが、司法省で一括して処断された。さらには高田源兵のように、山口藩脱隊騒動に関わった者たち（二卿事件には直接関わりがない反政府攘夷派）も、「不良徒」として一括「処置」された。その処断は、「国事犯」の罪名によって行われ、その総数は三三九名の多数に上っている(我妻)。実に安政の大獄のおよそ三倍に及ぶ。これを「安政以来の大獄」などと表現する場合もある。筆者は「不良徒」という名を着せ、「国事犯」として三三九名もの人々を、一括処分したこの事件を、「明治の大獄」とよびたい(その理由は後述。ただし、脱隊騒動そのものは、士族反乱に加えるべきと考えている)。

初岡敬治は、出羽久保田(秋田)藩士。尊王攘夷派として知られ、久保田藩の反政府攘夷派の中心的人物であった。維新後、初岡は明治二年三月に設立された公議所(明治初年の立法諮問機関)の公議人を務めた。その後、公議所が改組された集議院に属したが、要するに久保田藩の東京における渉外係の代表者であった。一時、「招魂社旗奉納事件」(招魂社にキリスト教徒を踏みつける武者絵を奉納し、軍務局に拒否された事件)をめぐって、大村益次郎(当時、軍務官副知事)と対立した。大村が襲撃される直前の久保田藩と山口藩との宴席で、「奸斬るべし、夷払うべし」と歌いつつ、剣舞をしたことから大騒動となり、山口藩が強く抗議した(剣舞事件)。初岡は、反政府攘夷派の岡崎恭助や古賀十郎らとも親交が深く、愛宕事件の主謀者のひとりである久保田藩士中村恕助は、初岡の同志であり部下であった。しかし、初岡は東京の反政府攘夷派グループの活動から距離をおきつつ、秋田に戻った。帰藩後は、久保田藩の権大参事となり、世子佐竹義修《よしなお》の教育係を務め、巨額の外債償還や贋金問題などの対応に追われていた。明治三年八月中旬、その初岡を岡崎恭助と中村六蔵が訪ねた。この時初岡は、東京での決起に加わることを拒否したいっぽうで、汽船「八坂丸」を岡崎に貸与した。岡崎は八坂丸を、決起や征韓に使うつもりだったが、運悪しく東京への回航途中佐渡で、船は遭難し沈没した。また、明治四年一月に、当時愛宕グループの中心にあった中村恕助が、初岡と久保田藩兵の協力を説得したときもきっぱりと断っている。にもかかわらず、初岡敬治が愛宕事件に連座して斬罪になるのは、愛宕事件直前の古賀十郎（柳河藩士で外山事件首謀者のひとり）との往復書簡が決め手となった。ただし、初岡から古賀への書簡は、自制を促す内容だったという。初岡は愛宕事件には直接関わっていないが、この古賀との往復書簡によってその一味とされた。ただ、さきに述べた「剣舞事件」以来、初岡は過激な攘夷主義者と目され、久保田藩の反政府攘夷派の「巨魁」として、政府に睨まれていたことは間違いない。

『山口藩隊卒始末』の構成と内容

国立公文書館所蔵の『公文録・明治三年・第百二十三巻・庚午・山口藩隊卒騒擾始末（一）』〜『公文録・明治三年・第百二十七巻・庚午・山口藩隊卒騒擾始末（五）』という五つの簿冊からなる史料がある。文字通り、山口藩の脱隊騒動関係の史料群である。しかしその内容は、多岐にわたる。

『山口藩隊卒騒擾始末（一）』は、件名一覧によれば、山口藩脱隊騒動の鎮圧に関するものが中心で、鎮圧にあたった政府や諸藩の動きに関する公文書を集めたものである。『山口藩隊卒騒擾始末（二）』は、脱徒が九州に逃れたことで誘発された、日田騒擾や日田県一揆（第五章）に関するものが中心で、騒擾や一揆の状況、鎮圧にあたった政府や諸藩の動きに関する史料である。『山口藩隊卒騒擾始末（三）』は、二卿事件と「久留米藩難事件」の二つの事件に直接関わった人々、実際には事件に直接関係がなくても嫌疑がかけられた人々に関する史料である（山口藩脱隊騒動に関係するものは少ない）。『山口藩隊卒騒擾始末（四）』は、外山光輔・愛宕通旭・比喜多源治（源二）・初岡敬治・小河真文・古河《ママ》十郎・高田源兵と楠本某ら大分県民で斬罪となった四人を含む一一名の「糾問口書」で、これはすべて死罪（自刃と斬罪）になった人々のものである（外山・愛宕・比喜多・古河（古賀）は二卿事件、初岡は初岡事件、小河は久留米藩難事件、高田は大楽騒動、楠本某以下四人は、脱徒と共謀して豊前や周防で強盗をはたらいたとされる者たち）。『山口藩隊卒騒擾始末（五）』の内容は雑多であるが、まず愛宕事件関係者の史料が多い。小河一敏など「愛宕一味」の嫌疑を掛けられ（実際には無関係）、地方の要職に就いていた、尊王攘夷派官僚に関する公文書である。さらに征韓を目論んだ丸山作楽や岡崎恭助と関わりの深い者に関する史料。四国に逃れた脱徒で、久留米藩の攘夷派と通じていた者の史料。それに柳河藩関係者で捕縛され、東京で審理された人々の「処刑伺」などから構成されている。

「不良徒処置一件伺」の内容

次に「不良徒処置一件伺」についてみてみたい。まず、この「不良徒」または「不良ノ徒」の「不良」とは何なのか。これは後述するが、いわば国家に対する「不良」行為である。政府（国家）に対する「陰謀」と言い換えることもできる。当時はまだ、国家に対する反乱罪という概念が確立していなかったから、このような語が使用された。

ここでの「不良」が、具体的に何を指すかといえば、「愛宕通旭始不良ノ企謀候一件」に連累する者、また行為をいう。「伺」でははじめ、七人が斬罪（脱徒と豊前で強盗をはたらいて死罪となった者は除く）とされた。その七人の罪状は、「外山・愛宕ヲ首謀ト為スト雖モ其画策総テ此徒ニ出ツ、因テ同科ニ処ス」とある。つまり、二卿事件に関与したとして、斬罪とされたのである。その七人とは、比喜多源次、岡崎恭助、古松簡二、初岡敬治、小河真文、古賀十郎、高田源兵である（岡崎と古松は、「伺」後に終身禁獄に変更となり、斬罪を免れている）。ところがこのうち、二卿事件に直接関わった者（愛宕グループに属する者）は、比喜多（愛宕通旭の家来）と古賀の二人である（遠矢）。古松と小河は久留米藩難事件、すなわち大楽を匿って、ともに反政府挙兵を画策した者である。高田源兵は大楽と山口藩脱徒を匿い、独自に「不軌」を企てていた。一時、久留米藩の攘夷派と連携しようとしたが、それは果たせなかった。高田は、二卿事件には全く関わりがない。初岡については、すでに述べたように、愛宕グループからは自ら手を引いていた。ただし、岡崎に八坂丸を貸与したし、古賀十郎と書簡のやり取りがあった。もちろん彼らは、反政府攘夷派として、互いに親交があったことは確かである。しかし、「外山・愛宕ヲ首謀ト為スト雖モ其画策総テ此徒ニ出ツ」とはいい難いのである。つまり「不良徒」としてここにあげられた者たちは、二卿事件を理由として、十把一絡げに「処置」されたのである。

【表】はこの事件で、禁獄に処せられた者の出身別分布状況である（死罪は除く。『日本政治裁判史録』による）。「十把一絡げ」事件の本質を示す、おおよその傾向が見られる。一見して分かることは、九州諸藩の関係者が多いことである。これを単純に数えると、一二四人で全体の五七パーセントに達する。中でも多いのが、「久留米藩士族」など久留米藩関係者で、五七人である。「不良徒」

藩名	人数	藩名	人数
久留米藩	57	鴨方藩	2
五条県	21	秋月藩	2
京都府	16	丸岡藩	1
日田県	11	新発田藩	1
豊津県	11	豊橋藩	1
杵築藩	9	静岡藩	1
佐伯藩	9	佐倉藩	1
鳥取藩	9	淀藩	1
秋田藩	9	品川県	1
岡藩	7	名古屋県	1
福岡藩	6	黒羽藩	1
津山藩	5	和歌山藩	1
岡山藩	5	太田藩	1
岸和田藩	4	森藩	1
高知藩	3	斗南藩	1
柳河藩	3	鶴岡藩	1
中津藩	3	長崎県	1
東京府	2	広島県	1
島原藩	2	臼杵藩	1
笹山藩	2	府内藩	1
小計	194	小計	22
		総計	216

【表】禁獄に処せられた者の出身別分布状況

全体のおよそ四分の一をしめる。このほとんどは、久留米藩難事件に関係した人々である。すなわち、大楽源太郎ほか山口藩脱徒を匿って彼らとともに反政府挙兵を企てたこと、また大楽を殺害した罪で「処置」されているのである。次に多いのが日田県と豊津藩のそれぞれ一一人である。この両藩県は、別ものではない。日田県というのは、日田県支配下の豊前地方のことである。つまり、豊津藩士卒や豊前の寺院の僧侶が中心となって計画された日田騒擾に関わった者が多くここに挙げられている。杵築藩は、大楽ほか山口藩脱徒を潜匿させた罪で挙げられた者たちである。さらに佐伯藩九人、岡藩七人も同じく、大楽騒動に関わって処罰されている。杵築藩・岡藩については、大楽の潜匿に関して第五章で述べた。佐伯藩では、鶴崎の毛利空桑（到）から依頼されて、山口藩脱徒数名を、攘夷派士族が領内に潜匿させている。これが発覚し、関係者九人が「日田会議」に送られて審理を受けて、のちに禁獄の処分を受けた。これを一般に、「佐伯藩禁錮事件」と称している。

なお、五条県（現奈良県）の二一人と京都府の一六人も多い。この多くは外山と愛宕に関わった、二卿事件関係者である。また秋田（久保田）藩関係者が九名いる。この中には、中村恕助のように愛宕事件の主謀者もいるが、初岡の影響のあった秋田藩に対する弾圧とみてよいであろう。

「国事犯」による一括弾圧

こうしてみてくると、明治政府を危機に陥れようとしたさきの①〜⑧の事件のうち、③の雲井龍雄事件と、④の大学南校英人教師襲撃事件を除く六つの事件の主要な関係者が、一網打尽となった事が分かる（ただし、これらの関係者の中に⑤廣澤真臣暗殺事件の嫌疑者が含まれてはいるが、廣澤事件の審理や裁判は別に独立して行われている）。

『日本政治裁判史録』（明治・前）はこれを、「明治三年二月、山口藩兵騒乱がおこってから、日田、久留米、熊本など九州諸地域には、不穏な動きが次第に表面化した。これと軌を一にして、東京、京都に、愛宕通旭、外山光輔らの公卿を盟主にいただく反政府転覆陰謀事件がおこった。これらの動きは必ずしも示し合わせておこったものではなく、それぞれ独立した事件として取り扱われても不自然ではない。けれども地域的にも性格的にも相互に独立したいくつかの反乱陰謀が、時期的には相前後していたため、司法省で一括して処断された。その処断は、『国事犯』の罪名によって行われ、処断者の数は、三百三十九名の多数に上っている」と述べている。

「国事犯」の罪名によって処断したというのは、次のような理由からである。当時の刑法にあたる「新律綱領」には、これらの国家に対する「陰謀事件」を、刑法犯として裁く条文が見あたらなかった。そこで、刑法の枠を越えた「朝憲紊乱《びんらん》」の罪を意味する、すなわち「国事犯」という罪名が特別に作られたと考えられる。司法省は、これら「国事犯」を裁くために、「臨時裁判所」を設置した。このような法的な処置のうえで、「国事犯」の「一括弾圧」を行ったのである。

しかしそこには、廣澤真臣暗殺事件が大きく影響しているように思われる（廣澤事件は、別に審理）。さきにも述べたように、廣澤自身が在京の攘夷派との対決を決意していたし、二卿事件についても、彼自身がすでに捜査をはじめていた。その廣澤亡き後、東京の攘夷派掃討は大納言岩倉具視、参議大久保利通、兵部少輔山県有朋らが断行したものであった。中でも山県が、直接指揮にあたった。山県は弾圧の状況を次のように木戸に報告した。「過る（三月）十日の早天に一決し、則着手しました。次に披露、久留米藩知事（有馬頼咸）ならびに大参事（権大参事吉田博文）を呼出し、弾正台にて糾弾に及び、次に秋田之巨魁（初岡敬治）に着手」「続て都下潜伏之浮浪輩（愛宕事件関係者ら）ほとんど三十名を束縛し」「十六日暁に到り、潜伏之凶徒は漏れるところなく」、これにより「一時都下は粛然」「外に好手段はなく、（人々は）暴断暴行と唱え、全国の人心一時戦慄しました」（『松菊木戸公伝』）と。東京は騒然となり、全国の人心も戦慄する大弾圧が行われた。まさに、安政の大獄以来の政治的大疑獄であった。

しかし、こうしてみると、二卿事件も久留米藩処分も、その他の反政府攘夷派の一掃も、攘夷派の官員の公職からの排除も、すべて政府が準備して、一挙に断行したものであった。それぞれ異なる事件が、「国事犯」として一括されたのは、時期が同じだったからだけでない。政府に抗する意志があるとみられる者（反政府攘夷派、脱徒、浮浪など）たちを「不良」として、意図的に「十把一絡げ」に処置したのである。

高田源兵と初岡敬治

一連の「不良徒処置」のなかで、高田源兵の扱いは、他の嫌疑者たちと異なっている。もともと高田が熊本藩によって拘禁されたのは、古荘や木村らと同様、鶴崎における大楽の潜匿が問題にされたからである。熊本の実学党政権は、山口藩の要請と政府の意向を受け、これに応ずるかたちで彼らを捕縛した。高田は、熊本藩で審問を受けているが、問題となったのは①古松簡二や岡崎恭助と久留米で会い、山口藩の諸隊とともに反乱計画を企てたこと、②大楽ほか奇兵隊脱徒を潜匿させたこと、③大楽に熊本藩の武器を供与しようとしたこと、の三つであった（第六章）。少なくとも、高田は二卿事件との関わりは全くない。そもそも高田は、二卿事件以前に拘禁されており、問題になった三つの行為もそれ以前のものである。しかし、廣澤暗殺危険がおこると、高田も嫌疑者リストに挙げられた。彼自身はすでに拘禁されているが、様々な形で関与した可能性を疑われたのであろう。そして、四月になって東京送りが決まる。東京送りは、熊本藩からは高田が唯一である。

問題なのは、はやり古松や岡崎と共謀して反乱を計画したこと、大楽を援護して山口藩を回復し、好機が来ればともに挙兵しようとしたことであろう。結局、具体的な罪状は示さず、高田は「朝憲を憚らず、容易ならざる〝陰謀〟を企てたことが不届き至極である」として、斬罪になるのである。高田の審理にあたったのは、司法省中判事玉乃世履《たまのよふみ》と権中判事島本仲道のふたりであった。高田は審理の場で、政府の政策を忌憚なく批判して、容易に服罪しようとしなかった。ところが参議木戸孝允が、高田を生存させることは、他日国家の「害毒」となると、同郷出身者である玉乃（山口藩の支藩である岩国藩出身）を説得し、死刑の判決を促したといわれる。『日本政治裁判史録』は『明治四年久留米藩難記』（川島澄之助著）を引用して、「のちに定まった高田の罪案も、審理の結果であるというよりは、きわめて恣意的に決定されたとの説がある」と述べている。

高田と類似するのが、初岡敬治である。これについては、遠矢浩規の次の記述を引用しておきたい。「初岡敬治は岡崎恭助に八坂丸の利用を認めたので、征韓計画に一定の協力をしたとはいえるが、愛宕通旭の陰謀への協力は拒否している。その愛宕の陰謀を主導した中村恕助が終身禁獄となり、初岡が斬罪となったのは、剣舞事件以来の長州藩の怨恨が災いしたと考えざるを得ない」（『明治維新　勝者のなかの敗者』）。征韓計画とは、外務大丞丸山作楽（島原藩士）らが画策した、朝鮮出兵計画である。剣舞事件は、本章ですでに述べている。要するに、初岡の斬罪も、私怨にもとづく恣意的な処断である可能性が高い。

考えてみれば、熊本藩の実学党政権は横井小楠を、山口藩は大村益次郎を攘夷派に殺されている。そして事件の背後に、高田源兵や初岡敬治の影がちらつく（実際に関与したか否かは別にして）。「一括弾圧」は、報復合戦の様相すら帯びているように思える。

大楽騒動と九州攘夷派の一掃

そもそも、大楽は脱隊騒動の「巨魁」だったのかという、筆者の疑問は今も解消していない。大楽が山口藩諸隊の脱徒たちに、影響力を持っていたことは確かである。しかし、脱隊騒動＝諸隊の反乱を彼が主導したかといえば、それは疑わしい。大楽は騒動の鎮圧後、幽閉先から出頭を命じられたのである。その後彼は九州へ逃れ、山口藩の「回復」を画策する。脱隊騒動を主導したというより、諸隊敗退後の「攘夷を実行する山口藩」の再建（回復）に尽力したのである。しかしそれが、どれほど現実的であったかといえば、これまた疑問である。

大楽は、周防から姫島（杵築藩）、豊後鶴崎（熊本藩）、岡藩、そして日田県経由で久留米藩へ逃れた。大楽が移動した周辺諸藩は、大なり小なり「大楽騒動」の余波を蒙った。特に豊後七藩は「日田会議」に藩首脳が呼び出され、糾問を受けたうえ、関係者が処罰された。豊津藩は、日田騒擾に関わった者たちが多数処罰された。久留米藩は、あわや「廃藩」の危機にさらされたし、柳河藩も巡察使に武力で制圧された。そして、杵築藩、熊本藩、岡藩、佐伯藩、豊津藩、柳河藩、久留米藩などにおいて、反政府運動を画策していた九州攘夷派は、大楽騒動を口実に悉く一掃された。反政府攘夷派の藩士たちだけではない。これらの諸藩は、大楽はじめ脱徒の潜匿を理由に政府に弾圧され、若しくは恭順させられた。そして大楽は、各藩で保護されながら、行き着いた久留米藩の攘夷派によって殺害された。それも、久留米藩の廃藩を恐れた「同志」たちによって殺された。

西海道鎮台設置と廃藩置県

脱隊騒動からはじまる一連の事件、これは明治政府と反政府攘夷派（草莽、浮浪を含む）の対決に他ならない。さらに先にも述べたように、この時期に平行して、政府の直轄地で農民闘争が激化した。政府は、窮地に立たされていた。しかし政府と攘夷派の対決は、明治二年末から始まり、明治四年の半ばでほぼその帰趨は決する。明治政府の勝利である。そして明治四年七月の廃藩置県断行となる。一連の事件は、結果的には廃藩置県の地ならしであったようにみえる。

地ならしという意味は、廃藩置県の抵抗勢力であった攘夷派の一掃したという意味である。九州や東北には、これら攘夷派の影響下にある諸藩が多数存在した。また政府内部にも、王政復古以来、政府内に抱え込んだ多くの攘夷派がいた。諸藩の攘夷派士族は、自藩の軍事力に依拠しながら、政府と対抗する姿勢をみせた。久留米藩、熊本藩などが典型である。鹿児島藩も同様の状況であったといえる。それは、山口藩出身の木戸や廣澤の路線、即ち早期廃藩を実現しようとする路線と対立した。いっぽうで、自藩の権力に依拠する攘夷派は、藩の枠を越えられず、合流できない弱さもあった。

巡察使を派遣して断行された、九州攘夷派の弾圧の中で、政府は廃藩の必要性をいっそう確信したように思う。久留米藩が廃藩寸前まで追い込まれ、実行はされなかったものの、事実上藩権力が政府によって接収された状況は、まさに「廃藩一歩手前」であった。また、小藩が分立する豊後七藩の「合藩構想」も、同じく「一歩手前」であったように思われる。

その過程で、政府は二度の巡察使を日田に派遣した。明治三年末には、二中隊の「天兵」を率いたが、明治四年三月の二度目の派遣の際には、山口藩と熊本藩の派兵によって久留米藩を制圧した。この時点で政府の軍事力は、政府側にたつ諸藩に依拠しなければならなかった。政府は藩権力の奪取、中でも藩の軍事力の解体が必要である事を痛感したに違いない。それは自前の軍事力が、極めて貧弱である事の自覚でもあった。

政府は、久留米藩処分が終了した後の明治四年四月二三日、東山道鎮台と西海道鎮台の設置を布告する（太政官布告）。明治三年から四年にかけて、農民騒擾が相次ぎ、各県から県兵設置要求が高まった。しかし政府は、県兵設置ではなく東西両鎮台の設置を実施した。東山道鎮台は、本営を石巻に、分営を福島と盛岡に置いた。これはちょうど、秋田を囲むかたちで、反政府攘夷派の東北の拠点であった久保田（秋田）藩を牽制したものといわれる。いっぽう西海道鎮台は、本営を小倉、分営を博多と日田に置いた。これは、久留米藩を牽制するとともに、来たるべき福岡藩の処分（福岡藩はこのあと、贋札事件を契機に弾圧される）を念頭においたものだといわれる。しかし西海道鎮台には、熊本藩と佐賀藩からそれぞれ一大隊ずつを出させたのであり、ここでもまだ藩兵に依存したままであった。しかしこれは、東京に設けられた「御親兵」（実態は薩長土の献上兵）とともに、藩と藩兵を解体し、兵権と財政権（租税徴収権）を文字どおり天皇政府に集中する廃藩置県の前提であった。

安政の大獄と「明治の大獄」

遠矢浩規は『明治維新　勝者の中の敗者』で次のようにいう。「一連の『国事犯』事件で処分された者の数は、最終的に三百人を超えることとなった。安政の大獄の三倍の規模の大疑獄であった。維新政府の開明派たちは、倒幕に利用・動員した尊王攘夷派勢力を、維新後四年目にして「国事犯」の名のもとについに一掃したのである」と。拙著で取り上げてきた諸事件は、ここでは「一連の『国事犯』事件」「安政の大獄の三倍の規模の大疑獄」と表現されている。また、「安政の大獄以来の政治的大疑獄」（『明治政治裁判史録』）ともいわれる。さらには、「安政以来の大獄」などと称することもある。が、よく考えてみれば、「一連の国事犯事件」には、「事件名」がないことに気づかされる。あえてあげるならば、「不良徒一件」とでも言おうか。山口藩脱隊騒動以来の諸事件、すなわち本章でとりあげた②から⑧までの事件は、確かに個別の事件ではあるが、廃藩置県前にその障害となった反政府攘夷派を一掃するという意味では、やはり「一連の事件」である。安政の大獄は、歴史的に著名な事件として取り上げられる。いっぽう「一連の事件」が、ほとんど知られず、いわば忘れられているのは、そこに理由があるからではないか。拙著のタイトルを、あえて『明治の大獄』としたのは、そういう理由からである。これが歴史的名辞として、定着するなどということを、ゆめゆめ期待してるわけではない。しかし、一連の事件は安政の大獄に匹敵するほどの意義を持った事件だと考えている。

だがそう認識されないのは、歴史の「描き方」「語り方」にも問題があったからだと思う。安政の大獄は、江戸幕府という旧態依然たる権力を倒そうとする、気鋭の尊王攘夷派の志士たち、また開明的な「賢侯」らを、独裁者井伊直弼が処刑もしくは排除した「大弾圧」だった。吉田松陰に象徴されるように、処刑された人々は、将来この国を担い立つであろう有望な人々であった。それに対し「明治の大獄」は、封建的領有権（藩と諸侯）を一掃して中央集権化と近代化を進める明治政府に抵抗する、反政府攘夷派を取り除いた事件という描き方である。高田源兵に象徴されるように、この反政府攘夷派たちは、「開国和親」を理解できず、時には政府要人や外国人を殺傷するテロリストですらあった。だが、安政の大獄と「明治の大獄」で処刑また排除された人々は、基本的には同じ思想を共有した者たちであった。大楽源太郎、毛利空桑、高田源兵、そして中村六蔵も、吉田松陰以来の思想の流れを汲むものたちではなかったか。これは単に、攘夷思想の持ち主というだけの意味ではない。「時代が違う」からだといえば、それまでである。だが、このように歴史を描いてきたのは誰か、またなぜなのだろうか。

関連年表

安政五年（一八五八）　安政の大獄。

文久元年（一八六一）　鶴崎に成美館設立。

文久二年（一八六二）　**二月**、高田源兵、小河一敏会談。高田源兵、細川護美に伴い上京。**四月**二三日、寺田屋騒動。

文久三年（一八六三）　**六月**六日、高杉晋作、奇兵隊編成。**七月**二日、薩英戦争。**八月**一八日、**八月**十八日の政変。**八月**、高田源兵、長州へ（事実上の脱藩）。

元治元年（一八六四）　**六月**五日、池田屋事件。**七月**一一日、高田源兵、佐久間象山を暗殺。一八日、禁門の変。二三日、第一次長州征討。**八月**五日、四国艦隊下関砲撃事件。**一二月**一六日、山口藩で高杉晋作らのクーデター（功山寺挙兵）。

慶応二年（一八六六）　**六月**七日、第二次長州征討戦闘開始。

慶応三年（一八六七）　**二月**、高田源兵、熊本に帰還、投獄（脱藩の罪）。**四月**、鶴崎観光場で初めての英式操練。**一〇月**一四日、大政奉還。**一二月**、毛利空桑、観光場取締役を命ぜられる。花山院隊別働隊が天草富岡陣屋を襲撃（花山院隊事件）。九日、王政復古の大号令

慶応四年（一八六八）　**一月**三日、鳥羽・伏見の戦い（戊辰戦争はじまる）。一四日、御許山騒動（花山院隊事件）。**二月**、高田源兵出獄後、熊本藩に様式軍隊設立を上申。**二月**一六日、久留米藩参政不破美作が攘夷派に殺害される。**三月**一四日、五箇条の誓文。**三月**、日田県で農民騒擾。**四月**、小河一敏、参与となり太政官出仕。**閏四月**二五日、日田県設置。

明治元年　**九月**八日、慶応から明治と改元。**一〇月**二八日、高田源兵、士席に準し豊後国鶴

明治二年（一八六九）

崎郷士隊長」に任命。

一月、木村弦雄「鶴崎兵隊取起之大意」。二〇日、薩長土肥藩主、版籍奉還の上表。二二日、高田源兵、「鶴崎兵隊引廻」に任命。**二月**、鶴崎に有終館設立。**四月**一〇日、四国会議（第一回、於丸亀）。**五月**一八日、函館にて榎本武揚ら降伏（戊辰戦争終わる）。**六月**一七日、版籍奉還を許す。公卿・諸侯を華族と称す。**七月**、岡藩領で大規模な農民一揆。**八月**、有終館に京都御警護命令。**九月**四日、京都で大村益次郎が襲撃される（**一一月**死去）。**一〇月**一〇日、神代直人（大村襲撃犯）が捕縛される。**一一月**、山口藩、諸隊の整理・解体に着手。下旬、奇兵隊士、鶴崎の高田源兵を訪問。**一二月**一日、山口藩諸隊の兵士脱走。**一二月**、中村六蔵と高田源兵、熊本で初めて会う。

明治三年（一八七〇）

一月、京都警衛の有終館小隊、鶴崎に帰還。二四日、山口藩で諸隊の反乱（藩庁襲撃）。下旬、中村六蔵、鶴崎有終館に来る。下旬、古荘嘉門、山口藩三田尻へ行く。下旬、久留米で高田源兵、古松簡二、岡崎恭輔らの謀議。**二月**、直江精一郎が有終館訪問。直江精一郎と中村六蔵らが、豊後各藩を遊説。八日、山口藩常備軍と諸隊の戦端が開かれる。九日、西郷らが山口藩の調停を試みるため下関着。一一日、山口藩諸隊の反乱鎮圧。中旬、脱隊兵士が九州各地に潜入。末頃、澤田衛守、鶴崎の毛利空桑を訪ねる。**三月**五日、大楽源太郎、逃亡。姫島へ。**三月**、大楽源太郎、姫島を経て鶴崎に潜入。一二日、豊後七藩会議（第一回、於竹田）。一三日、澤田衛守殺害。二五日、大楽源太郎、岡藩の赤座弥太郎を訪問。三〇日、別府日向屋事件。**五月**、熊本藩で実学党政権成立。高田源兵、古荘嘉門、木村弦雄らに帰藩命令。鹿児島藩、「徴兵」を東京から撤収させる。下旬、大楽源太郎、鶴崎を離れる。

明治三年（一八七〇）

六月二日、大楽源太郎、岡藩の赤座のもとへ。**六月**、四国会議、「金陵会議所規則」制定。矢田宏、別府で捕縛される。**七月**中旬、岡崎恭輔と中村六蔵六蔵の秋田行。一七日、有終館廃止。一七日、「村々小前共へ」（熊本藩雑税廃止）。一九日、岡藩、浮浪の取締強化を命令。下旬、中村六蔵が雲井龍雄を訪問。**八月**三日、小串為八郎、山口藩庁を訪ねる。一五日、豊後七藩会議（第二回、於臼杵）。一五日、岡崎恭輔と中村六蔵が秋田藩の初岡敬治を訪問。中旬、山口脱隊兵が山口に乱入するという風聞。二八日、四国会議廃止。**九月**、「藩制」公布。一七日、古松簡二・小串為八郎が竹田で大楽源太郎に面会。**九月**二〇日、今治藩士池田忠古自刃。下旬、大楽源太郎、久留米へ潜入。**一〇月**一八日、高田源兵、謹慎を命じられる。**一〇月**、豊後七藩会議（第三回、於杵築）。**一一月**、豊後七藩会議（第四回、於日出）。一三日、胆沢県騒動。一四日、高田源兵、木村弦雄ら一斉に捕縛。一四日、日田騒擾（脱隊士らによる）。一七日、日田県一揆（農民一揆）。一九日、脱徒による周防大島襲撃。一九日、中野県騒擾。二三日、東京神田鍋町事件。二五日、松代藩で騒擾。二八日、太政官、脱徒の取締強化を命ずる。二八日、弾正少忠河野敏鎌を日田県に派遣。二九日、大久保利通・木戸孝允、横浜を出て鹿児島へ向かう。**一二月**一日、豊後七藩会議廃止。一〇日、久留米藩、古松簡二に帰藩命令。一五日、府内藩騒動、日田県別府支庁騒動。一五日、登米県騒動。中旬、四条隆謌巡察使派遣。一八日、勅使岩倉・大久保、鹿児島着（西郷、上京を同意）。二〇日過ぎ、古松と中村六蔵が久留米に入る。二一日、巡察使、日田に到着。二四日、赤座弥太郎、日田に召喚・喚問。二四日、古松簡二、日田に召喚（二九日帰還）。二六日、雲井龍雄ら処刑。

明治四年（一八七一）

一月八日、柳河藩廣田彦麿、捕縛を逃れ逃走。九日、廣澤真臣暗殺事件。一五日、

廣田彦麿、八丁堀で捕縛。二八日、山口藩、藩兵による脱徒取締りを政府に具申。**二月**上旬、岡崎恭輔、広沢事件の嫌疑で捕縛。一一日、福島県騒動。一三日、薩長土三藩で「親兵」を編成。一四日、四条隆謌巡察使再派遣が決定。二一日、古松簡二、拘束される。二五日、広沢真臣暗殺犯逮捕督励の詔勅。**三月**上旬、中村六蔵、久留米を離れる。**三月**、肥後勤王党の一斉摘発。**三月**七日、外山光輔、謀反の罪で逮捕（京都）。一〇日、巡察使一行が日田に到着。一〇日、東京赤羽の久留米藩邸捜索、知藩事有馬頼咸謹慎。一二日、「日田会議」～一九日。一三日、久留米藩水野正名・小河真文ら捕縛。一四日、愛宕通旭、謀反の罪で逮捕（東京）。一六日、大楽源太郎、久留米で殺害される。二二日、丸山作楽、征韓隠謀嫌疑で捕縛。二五日、巡察使軍（山口・熊本藩兵）が久留米を包囲。**四月**一三日、巡察使、柳川に入る。二三日、東山道、西海道に鎮台を置く。二五日、佐伯関次、拷問に耐えかね自死。二九日、高田源兵、東京護送命令。**五月**一五日、初岡敬治、東京へ護送。**七月**二日、福岡藩貨幣贋造事件処分。一四日、廃藩置県。**一一月**一二日、岩倉使節団、横浜出港。**一二月**一三日、高田源兵らに斬首が申し渡される（即日執行）。

明治五年（一八七二）

七月、平井譲之助から中村六蔵と改名。

明治九年（一八七六）

一一月、中村六蔵、長崎の大浦で説教を始める。

明治一〇年（一八七七）

二月、西南戦争はじまる。**九月**、西南戦争終わる。**一一月**一六日、中村六蔵、長崎で捕縛される。

明治一一年（一八七八）

一二月一二日、中村六蔵、大審院に送られる。

明治一二年（一八七九）

三月三一日、中村六蔵、自供を翻す。

明治一三年（一八八〇） **三月**二二日、中村六蔵、廣澤真臣暗殺事件無罪。**六月**一日、中村六蔵、沢田衛守殺害事件禁獄一〇年。

明治二二年（一八八九） 中村六蔵、恩赦で出獄。

（著者作成）

あとがき

拙著は、これまでの著作で扱った歴史的事象の順序からいうならば、『ある村の幕末・明治』、『花山院隊「偽官軍」事件』に次ぐものであって、『西南戦争　民衆の記』へ連なる著作である。ただし、『ある村──』の場合は、時期的には幕末から西南戦争後までカバーしていて、幅が広いものであった。

『花山院隊──』でも感じたことだが、同書で取り上げた御許山騒動にしても、天草富岡陣屋襲撃事件にしても、この二〇年から三〇年の間に、ほとんど研究の深化がみられない。『ある村──』でいうならば、阿蘇一揆や大分県北四郡一揆についても同様である。同じ事は、本書で扱った大楽騒動でも感じたことである。すなわち、日本の「近代化」の過程でその流れに抗ってはみたが、しかしながら流れに押し流されて、言い換えれば弾圧されてしまった歴史的事象についての関心は、決して高くない。少なくとも、自身の周辺ではそのように感じている。これは、もちろん、歴史研究にも「流行り」があるから、それだけのことかもしれない。ただその「流行り」には、研究者や作家が置かれた「現状」が大きく反映する。

少し飛躍するかも知れない。どうもこの傾向は、二〇〇一年の同時多発テロによる、それ以後の世界の大きな変動が関係しているように思われる。あの事件以来、強権的な政権が支配する国々では、その政権に抵抗する者、言い換えれば「政治的反対派」「抵抗勢力」をおしなべて、「テロリスト」呼ばわりするような傾向がみられる。そして、「テロリスト」とみなされたならば、それは「犯罪者」に等しく、排除されなければならない。いまや「テロとの戦い」は、「平和」「安全」を守る尊い戦いとなった。しかしその「平和」は、誰のための「平和」なのだろうか。だが「対テロ戦争」の現実、その暴力のすさまじさには、目を蔽わずにはいられない。

また、幕府政治から明治天皇政府への政権の移譲とその後の諸改革、これを一般に「明治維新」というが、これこそは世界史に類を見ない輝かしい「革命」または「変革」であり、わが国の「近代化」へ大きく道を開いた、歴史の進歩であると評価する。このとき、研究者や作家の関心は、どのような分野に向かうのか。いっぽう、この流れに抗して歴史の舞台の彼方に追いやられてしまった者たちは、どのように評価すべきものなのか。彼方に追いやったままで良いのか。彼らを再認識することで、歴史の本質がみえてくるのではないか。本書では、廃藩置県前に、その地ならしのために弾圧された人々と、その事件に「明治の大獄」という名称を与え、光をあててみた。

思えば一九八一年（昭和五六）の夏だから、「あれから四〇年」よりもさらに前になる。筆者は、指導教官に連れられ、大分市鶴崎の故毛利弘氏（毛利空桑のひ孫）宅に宿泊しつつ、毛利空桑とその周辺の史料収集の手伝いをした。その毛利弘氏宅は、何と空桑の居宅そのものであった。現在その居宅は、「天勝堂」として、隣の「知来館」（私塾）とともに、大分県の史跡に指定され保存されている（筆者はその史跡に寝泊まりした）。近世以来の私塾と居宅が、セットで保存されている事例は珍しく、極めて貴重である。

さて、その指導教官（恩師）が、故猪飼隆明先生であった。毛利空桑や有終館の話は、猪飼先生から何度となく伺う機会があった。拙著ではその鶴崎や空桑、それに有終館や高田源兵について、少し掘り起こして書くこととなった。ただ先生は、数年前から闘病生活を送っておられた。そのことも頭にあって、拙著は急いで書き上げた。しかし先生は、今年（二〇二四年）五月に、八〇歳で逝去された。拙著をお目にかけることは叶わなかった。何より、先生に出会わなければ、筆者が文章を書くようなことは、恐らくなかった。御指導と御厚情に深く感謝し、先生のご冥福をお祈りする。

二〇二四年八月

長野浩典

【おもな史料】

国立公文書館所蔵史料

・「長崎県平民中村六蔵外三名旧高知藩士族沢田衛守殺害ノ罪ヲ処断ス」(『太政類典第四編、明治十三年第五十九巻、治罪・審理』)

・「山口藩隊卒始末」(一)~(五)(『公文録・明治三年・第百二十三巻~百二十七巻』)

・「元山口藩士族脱籍富永有隣犯罪処断」(『太政類典第三編、明治十一年~明治十二年、第九十一巻』)

・「不良徒処置一件伺」(『公文録・明治四年・第百四十五巻・辛未十二月・司法省伺』)

・「元柳川県士族久保田邦彦宥罪伺」(『公文録・明治七年・第二百十三巻・明治七年六月・司法省伺(一)』)

【おもな参考文献】

『日本歴史地名体系四五　大分県の地名』平凡社、二〇〇一年

吉村豊雄『幕末武家の時代相―熊本藩郡代中村恕斎日録抄上巻』清文堂出版、二〇〇七年

鶴崎町編『豊後鶴崎町史』歴史図書社、昭和五十三年復刻版

歴史学研究会編『日本史年表』岩波書店、一九七九年

『明治史要全』東京大学出版会、一九九八年覆刻

長野浩典『花山院隊「偽官軍」事件』弦書房、二〇二一年

同右『川の中の美しい島・輪中―熊本藩豊後鶴崎からみた世界』弦書房、二〇二〇年

『改訂肥後藩国事史料巻九』細川家編纂所編、昭和七年

『改訂肥後藩国事史料巻十』同右

『新熊本市史史料編六近代Ⅰ』新熊本市史編纂委員会、平成九年

猪飼隆明『維新変革の奇才　横井小楠』株式会社KADOKAWA、二〇二四年

『大分県史近代篇Ⅰ』大分県、一九八四年

入江秀利「長三洲をめぐる人々」『別府史談』二三号、二〇一〇年

入江秀利『南鉄輪村庄屋役宅日暦　明治維新史料上　天領の明治維新』私家版、平成六年

佐藤誠朗『近代天皇制形成期の研究』三一書房、一九八七年

下山三郎『近代天皇制研究序説』岩波書店、一九七六年

遠矢浩規『明治維新　勝者のなかの敗者』山川出版社、二〇二一年

佐藤節「別府と政府密偵暗殺事件」『別府史談』一七号、別府史談会、二〇〇三年

『別府市誌』別府市教育会、昭和八年

佐藤節「明治三年・密偵暗殺事件について」『大分県地

方史』一〇七号、大分県地方史研究会、昭和五七年
徳見光三『長府藩報国隊史』長門地方史料研究所、昭和四一年
『山口県史史料編　幕末維新6』山口県、平成一三年
我妻栄『日本政治裁判史録　明治・前』第一法規出版、昭和四三年
上河一之「中村六蔵の世界（一）」『近代熊本』二六号、一九九七年
『朝日日本歴史人物事典』朝日新聞社、一九九四年
『新聞集成明治編年史』第一巻、本邦書籍、昭和五七年復刊
石井孝『明治維新と自由民権』有隣堂、一九九三年
中原雅夫『奇兵隊始末記』新人物往来者、昭和四八年
石川卓美・田中彰編『脱隊騒動一件紀事材料』マツノ書店、昭和五六年
田村貞雄「脱隊騒動」『日本史大事典』平凡社、一九九二年
鹿毛基生『郷土の先覚者17　毛利空桑』大分県先覚者シリーズ刊行会、昭和五四年
荒木精之『定本河上彦斎』新人物往来者、昭和四九年
内田伸『大楽源太郎』風説社、昭和四六年
伊藤一晴「神代直人の捕縛―大村益次郎襲撃犯に対する山口藩の対応」『山口県文書館紀要』四三号、二〇一六年
『角川日本地名大辞典　四四　大分県』角川書店、昭和五五年
高橋与一『幕末の姫島』私家版、一九七五年
『別府市誌』別府市、CD-ROM版、二〇〇三年
『大分県偉人伝』大分県教育会、一九三五年
『大分歴史事典』大分放送大分歴史事典刊行本部編、一九九〇年
『竹田市史中巻』竹田市史刊行会、昭和五九年
広瀬恒太『日田御役所から日田県へ』私家版、昭和四四年
『旧藩事蹟調　岡県』大分県立図書館所蔵、明治八年
『杵築市誌資料編』杵築市誌編集委員会、二〇〇五年
『久留米市史』第三巻、久留米市史編さん委員会、昭和六〇年
川島澄之助『明治四年久留米藩難記』金文堂、明治四四年
『木戸孝允文書　四』東京大学出版会、一九八六年
浦辺登『明治四年・久留米藩難事件』弦書房、二〇二三年
江島香『柳川の歴史7　幕末維新と自由民権運動』柳川市、令和二年
猪飼隆明『熊本の明治秘史』熊本日日新聞社、一九九九年
『新熊本市史通史編五巻近代Ⅰ』、新熊本市市史編纂委員会、平成一三年
星原大助「明治五年前後の井上毅」『ソシオサイエンス』

Vol.15、二〇〇九年
河上一之「中村六蔵の世界」『近代の黎明と展開─熊本を中心に─』熊本近代史研究会、二〇〇〇年
『新聞集成明治編年史』第三巻、本邦書籍、昭和五十七年
尾佐竹猛『明治秘史　疑獄難獄』昭和四年、一元社
『松菊木戸公伝』木戸公伝記編纂所編、昭和二年
長野浩典『ある村の幕末・明治』弦書房、二〇一三年
同右『西南戦争　民衆の記』弦書房、二〇一八年
谷川健一『最後の攘夷党』三一書房、一九六六年

〔著者略歴〕

長野浩典（ながの・ひろのり）

一九六〇（昭和三五）年、熊本県南阿蘇村生まれ。

一九八六（昭和六一）年、熊本大学大学院文学研究科史学専攻修了（日本近現代史）。

歴史研究家・作家。

主要著書

『街道の日本史　五十二　国東・日田と豊前道』（吉川弘文館）

『熊本大学日本史研究室からの洞察』（熊本出版文化会館）

『緒方町誌』『長陽村史』『竹田市誌』（以上共著）

『大分県先哲叢書　堀悌吉（普及版）』（大分県立先哲史料館）

『ある村の幕末・明治――「長野内匠日記」でたどる75年』『生類供養と日本人』『放浪・廻遊民と日本の近代』『西南戦争民衆の記――大義と破壊』『川の中の美しい島・輪中――熊本藩豊後鶴崎藩からみた世界』『感染症と日本人』『花山院隊「偽官軍」事件――戊辰戦争下の封印された真相』『新聞からみた1918――大正期再考』（以上弦書房）

明治の大獄

――尊王攘夷派の反政府運動と弾圧

二〇二四年九月三〇日発行

著　者　長《なが》野《の》浩《ひろ》典《のり》

発行者　小野静男

発行所　株式会社　弦書房

（〒810・0041）

福岡市中央区大名二―二―四三

ＥＬＫ大名ビル三〇一

電　話　〇九二・七二六・九八八五

ＦＡＸ　〇九二・七二六・九八八六

組版・製作　合同会社キヅキブックス

印刷・製本　シナノ書籍印刷株式会社

ISBN978-4-86329-295-6　C0021

◆弦書房の本

川の中の美しい島・輪中
熊本藩豊後鶴崎からみた世界

長野浩典 熊本藩の飛び地・豊後鶴崎。大野川の河口に位置し、堤防で囲まれた川の中の小島＝輪中で生きる人々の特異な生活形態を克明に踏査した労作。洪水被害、キリスト教布教の拠点、刀鍛冶集団など独特な地域に光をあてる。〈四六判・２３２頁〉**２０００円**

維新の残り火 近代の原風景

山城滋 〈明治維新〉という歴史の現場を歩き、今と過去をつなげる「残り火」に目を凝らした出色の維新史ルポ。歴史の現場には維新の大火の跡が確かに残っていた。勝者のつまずきや敗者の無念は、現代社会の中に生かされているのだろうか。〈四六判・２４０頁〉**１８００円**

【新装版】江戸という幻景

渡辺京二 江戸期の日本人が残した記録・日記・紀行文の精査から浮かび上がるのびやかな江戸人の心性。近代への内省を促す幻景がここにある。西洋人の見聞録を基に江戸の日本を再現した『逝きし世の面影』の姉妹版。〈四六判・２７２頁〉**１８００円**

小さきものの近代 1 2（全２巻）

渡辺京二 江戸文明を滅ぼして始まった近代とは。近代国民国家建設の過程で支配される人びと＝小さき人びとが、その大変動をどう受けとめ、どう心を尽くしたかを描く。1緊急避難～黙阿弥と円朝 2草莽たち～激化事件と自由党解党。（未完・絶筆）**各３０００円**

＊表示価格は税別